HSK ZHENTI JIEXI

编制

HSK
ANALYSIS

孔子学院总部赠送
Donated by Confucius Institute Headquarters
高等教育出版社·北京
HIGHER EDUCATION PRESS　BEIJING

郑重声明

高等教育出版社依法对本书享有专有出版权。任何未经许可的复制、销售行为均违反《中华人民共和国著作权法》，其行为人将承担相应的民事责任和行政责任；构成犯罪的，将被依法追究刑事责任。为了维护市场秩序，保护读者的合法权益，避免读者误用盗版书造成不良后果，我社将配合行政执法部门和司法机关对违法犯罪的单位和个人进行严厉打击。社会各界人士如发现上述侵权行为，希望及时举报，本社将奖励举报有功人员。

反盗版举报电话　　（010）58581897　58582371　58581879
反盗版举报传真　　（010）82086060
反盗版举报邮箱　　dd@hep.com.cn
通信地址　　北京市西城区德外大街4号　高等教育出版社法务部
邮政编码　　100120

图书在版编目（CIP）数据

HSK真题解析．四级 / 孔子学院总部 / 国家汉办编制
．－－ 北京：高等教育出版社，2016.2
ISBN 978-7-04-044152-9

Ⅰ．①H… Ⅱ．①孔… Ⅲ．①汉语－对外汉语教学－水平考试－题解 Ⅳ．①H195

中国版本图书馆CIP数据核字（2015）第270735号

策划编辑	王　群	责任编辑	王　群　杨　曦	封面设计	陈　光	版式设计	魏　亮
责任校对	杨　曦	责任印制	耿　轩				

出版发行	高等教育出版社	咨询电话	400-810-0598
社　　址	北京市西城区德外大街4号	网　　址	http://www.hep.edu.cn
邮政编码	100120		http://www.hep.com.cn
印　　刷	大厂益利印刷有限公司	网上订购	http://www.landraco.com
开　　本	889mm×1194mm 1/16		http://www.landraco.com.cn
印　　张	10.75	版　　次	2016年2月第1版
字　　数	183千字	印　　次	2016年2月第1次印刷
购书热线	010-58581118	定　　价	70.00元

本书如有缺页、倒页、脱页等质量问题，请到所购图书销售部门联系调换
版权所有　侵权必究
物料号　44152-00

总监制：胡志平

总策划：段　莉

策　划：李佩泽　张慧君　王　群

主　编：郑丽杰

编　委：（按音序排列）

　　　　黄　蕾　李凤云　李　玲　李佩泽

　　　　李欣蔚　李亚男　刘座箐　鲁　江

　　　　马梦莹　Simatova Sofya（俄罗斯）

　　　　索兰（俄罗斯）　田作宇　王亚男

　　　　王之岭　于　俏　郁葱葱　袁　柯

　　　　张海环　张慧君　朱晓花

前　言

汉语水平考试（HSK）以提升汉语交际能力为目标，以"考教结合""以考促教""以考促学"为理念。近年来，通过新版HSK考试大纲、标准教程和课程体系等开发，逐步形成了"教—学—考"三位一体的汉语综合能力提升体系。《HSK真题解析》系列丛书旨在帮助汉语学习者对考试涉及的知识点、语言能力进行总结和考前集中训练，以期在提高汉语能力的同时，在考试中也能取得好成绩，真正实现高分高能。

将试题解析与汉语能力提升相结合，是本系列丛书的主要特点。在解析真题时，本书着重培养考生正确理解考题，快速做出判断和选择，以及运用汉语进行思维的能力。本书汇总了听力、阅读和书写等语言能力学习的重点，使考生有针对性地提高语言能力，并灵活地运用解题技巧，达到举一反三、事半功倍的效果。另外，本书也特别提示了考试中常见的问题，帮助考生拾遗补缺、及时做出调整。

考生使用本书时，可以根据考试日期将学习计划分为三个阶段：了解HSK试题、分项能力训练和考前强化训练，循序渐进地提升语言能力和解题能力。

第一阶段 了解HSK试题	了解听力、阅读、书写三部分试题题型、考查重点、解题技巧和考试对听、读、写各部分语言能力的要求。
第二阶段 分项能力训练	利用真题有针对性地对听力、阅读、书写能力分别进行训练，以达到熟练掌握和运用的程度。
第三阶段 考前强化训练	严格按照考试时间安排，进行整套真题的模拟测试，强化和检验学习效果。

本系列丛书汇集了研发者、命题者、教学者和学习者多方建议，相信一定可以帮助考生切实提升语言能力，掌握答题要领。预祝各位考生取得好成绩！

编者
2015年10月

目 录

第一阶段　了解HSK试题..1

关于HSK（四级）考试..2

HSK（四级）试题题型与本书训练目标..........................2

第二阶段　分项技能训练..3

听　力..4

　　听力第一部分解析..6
　　听力第二部分解析..12
　　听力第三部分解析..21

阅　读..32

　　阅读第一部分解析..34
　　阅读第二部分解析..39
　　阅读第三部分解析..46

书　写..56

　　书写第一部分解析..58
　　书写第二部分解析..62

第三阶段　考前强化训练..69

HSK（四级）真题试卷解析（一）..................................70

HSK（四级）真题试卷解析（二）................................116

HSK（四级）答题卡..161

第一阶段

了解HSK试题

关于HSK（四级）考试

HSK (四级) 试卷结构			考试时间	分数
填写个人信息			5分钟	/
听力 （45题）	第一部分10题	判断对错	约30分钟	100分
	第二部分15题	听对话回答问题		
	第三部分20题	听语段回答问题		
填写答题卡			5分钟	/
阅读 （40题）	第一部分10题	选词填空	40分钟	100分
	第二部分10题	排列顺序		
	第三部分20题	回答问题		
书写 （15题）	第一部分10题	完成句子	25分钟	60分
	第二部分5题	看图，用词造句		40分
总计（100题）			约105分钟	300分

HSK（四级）试题题型与本书训练目标

HSK（四级）试题题型			本书训练目标
听力 （45题）	第一部分	判断对错 10题	**快速反应能力：** 听关键词，快速辨识汉字，理解词语。
	第二部分	听对话回答问题 15题	**细节关注力：** 听前预测，找解题细节信息，准确理解。
	第三部分	听语段回答问题 20题	**总结推理能力：** 跳过障碍找出重要信息、总结大意、推断主题。
阅读 （40题）	第一部分	选词填空 10题	**词语推理能力：** 根据认识的汉字推测新词词义。
	第二部分	排列顺序 10题	**语言逻辑表达能力：** 正确使用关联词语，合理组织篇章。
	第三部分	回答问题 20题	**快速阅读理解能力：** 快速浏览文章，根据语境推测词义，抓重要信息整体理解。
书写 （15题）	第一部分	完成句子 10题	**汉字书写能力、词语运用能力：** 正确书写汉字，准确运用词语和基本语法知识。
	第二部分	看图，用词造句 5题	**词义联想、成句表达能力：** 通过图片联想，准确运用词语和基本语法知识、完整表达。

第二阶段

分项技能训练

温馨提示：
先按照考试时间进行自测，再看解析，会提高得更快。

听力考查的是对听到的信息进行理解的能力，这与汉语日常交际中"听"的目的是一致的。这里，需要重点练习如何在听的过程中跳过障碍、快速获取需要信息的能力；同时，也要训练快速辨识试卷上看到的信息，并进行推理的能力。这样，才能快速理解题意，做出正确回答。

HSK（四级）听力录音的语速是150—160字/分钟，比中国人正常语速稍慢，试卷上没有拼音。HSK（四级）词汇量是1200个，重点考查在HSK（三级）基础上新增的600个词语。建议在训练听力的过程中学习和巩固词语，但练习时不要查字典或翻译生词，应注意培养根据上下文推断词义的能力，练习完成后再对生词进行总结。另外，需要注意积累近义词、反义词和特殊表达方式。

重点和难点	语速	150—160字/分钟，比中国人正常语速稍慢
	重点	结合看到的信息进行听力理解的技巧
	难点	试题上没有拼音，需要练习快速辨识信息、辨认汉字的能力
考查内容	考 ✓	整体理解，辨识重要细节信息
	不考 ✗	记忆力，计算能力，语音辨析，听懂每个字
训练技能	听懂大意、获取重要的细节信息	
	利用看到的选项信息预测推理	
	联系上下文，推断词义	
词语学习方法	练习时不要查词典或翻译生词，练习后再学习和总结生词	
	练习"猜词"能力，借助已学汉字和词语理解新词	
	积累近义词、反义词和特殊表达方式	

第一部分 解析

　　HSK（四级）考试听力第一部分，重点考查快速反应能力，要求考生能够从录音材料中快速获取需要的信息。在练习中，应明确用眼睛看到信息和用耳朵听到信息同样重要，训练在听的同时，结合试卷上的汉字迅速提取信息的能力。

题型特点

扫描二维码，🎧 1-8
http://2d.hep.cn/44152/1

❶ 题型

听一段录音，看一个句子（10个字左右），判断对错。

❷ 题量

共10题。

❸ 内容

一段话或一个长句（40个字左右）。

学习重点

听录音前

快速理解试卷上的句子，找出关键词。

听录音时

提取录音中的关键信息和主要内容，与看到的关键词对比，做出判断。

常见问题

❶ 听前准备不足

不看试卷上的句子，没有找到或不理解关键词。

❷ 不能进行预测

无法对听力内容进行合理预测，找不到听力中的关键信息，或对录音内容的总结概括能力不够。

❸ 不能合理关联

不能将看到和听到的关键词进行近义或反义的关联。

解题技巧

根据不同的出题方式，运用不同的解题技巧。

❶ 听辨词语：听 = 看

句子中看到的词语跟从录音中听到的词语完全一样。这是考查快速反应能力，要求快速辨识汉字，找到相同的信息。

> **训练技能**
>
> - 听找相同的词语；
> - 快速识别汉字，找到关键词，也就是一句话的主要部分；
> - 从比较长的句子中快速听出关键词或相关信息；
> - 一边听一边对比，判断听到的和看到的有没有一样的词。

第二阶段 分项技能训练

🎧 **1.** 他希望大家能提些意见。（　　）

> **希望**通过这次交流会，**大家能**给我们的工作**提一些意见**或者建议，无论是哪方面的，我们都会认真考虑。

✅ 听到相同词语（听=看）。录音中"提一些意见"与题干中的关键词"提些意见"相同。

🎧 **2.** 有误会要及时解释清楚。（　　）

> 两个人之间**有了误会**一定**要及时解释清楚**，否则时间一长误会就会更深，到那时，再去解决恐怕就不容易了。

✅ 听到相同词语（听=看）。录音中"一定要及时解释清楚"与题干中的关键词"要及时解释清楚"是一样的。

❷ 理解词义：听≈看

在句子中看到的主要词语跟从录音中听到的词语是差不多一样的，可能是同义词、近义词或反义词。这里考查的是快速反应能力，除了眼睛能快速辨识汉字外，还要注意结合语境，理解词语的意思。

训练技能

- 听找同义词、近义词或反义词；
- 眼睛对汉字的反应能力，快速寻找解题所需信息的能力；
- 边听边理解关键词的意思，快速判断和看到的词的意思是否相同；
- 结合语境，去找关键信息的对应关系。

3. 老张经常迟到。（　　）

老张这个人一直很准时，开会**从来不迟到**。今天到现在还没来，大概是有什么事情，你打个电话问问他吧。

✗　听到反义表达（听≈看）。录音中"从来不"与题干中"经常"意思相反。或者利用语境策略，听到"一直很准时……今天到现在还没来……打个电话问问他吧"，那么也能猜出"老张不是经常迟到"的。

4. 睡太久对身体不好。（　　）

很多人一到周末就喜欢睡懒觉，而且一睡就是大半天。医生提醒我们，**睡觉时间太长并不好**，有时甚至会引起头疼，一般睡够八小时就可以了。

✓　听到近义表达（听≈看）。录音中"时间太长"和题干中"太久"意思相近，可以做出判断。如果利用语境来猜测大意，那么最后听到的"会头疼……睡够八个小时就可以了"，也可以判断出"睡太久不好"。

5. 那种镜子比较轻。（　　）

这种小镜子非常适合你们年轻女孩子用，**样子好看又不重**，放在包里十分方便。

✓　听到近义表达（听≈看）。录音中"不重"和题干中"轻"意思相近，可以做出判断。在不能直接理解的时候，也可以利用语境策略来推理，在听到"放在包里十分方便"时，就可以判断出"比较轻"是对的。

❸ 总结概括：听 ≠ 看

在句子中看到的词语不能从录音中直接听到，需要通过总结概括和推理，结合语境并运用词语、语法知识进行判断，从总体内容来理解。同时也要掌握利用看到的信息进行合理预测的能力。

训练技能

- 结合语境，运用词语、语法知识，进行整体理解。
- 快速辨认句子中的主要词语，预测听录音时需要注意的信息；
- 听录音时，快速推断出主要信息；
- 利用看到的关键词和听到的内容进行合理推断并总结概括。

🎧 6. 这节课讲气候变化。（   ）

> 同学们，今天我们要学习**关于太阳的知识**。太阳距离地球有多远？太阳的温度究竟有多高？学完这节课大家就会知道答案了。

❌ 看到"这节课讲"，在录音中听到"我们要学习"时，就可以快速反应需要对比的是接下来听到的内容。"气候变化"和在录音中听到的"关于太阳的知识"是没有关系的。

整体理解：这节课讲关于太阳的知识。

🎧 7. 舞会将在这个礼拜天举行。（   ）

> 黄律师，**下周六晚上**我们公司要举办一场舞会，我们经理想邀请您和您妻子参加，您那时候有时间吗？

听力 第一部分 解析

❌ 看到"在这个礼拜天"可以预测要对比时间信息。"礼拜天"就是"周日",而录音中听到的是"下周六",两个时间不一样,所以是错的。

🎧 **8.** 九江市历史很短。( )

九江市在长江的南边,是江西省第二大城市。它<u>有两千二百多年的历史</u>,既是一座文化名城,也是著名的旅游城市。

❌ 没有相同、相近或相反的表达(听≠看)。题干关键词"历史很短",可以预测听录音时要关注的是时间的长短,根据录音中"两千二百多年的历史"推断出九江市"历史很长",故题干表达错误。

整体理解: 九江是一个历史很长、有文化的著名的旅游城市。

11

第二部分 解析

　　HSK（四级）考试听力第二部分，重点考查关注细节的能力，要求考生快速辨识并准确理解对话中的重要细节。在练习中，应通过对卷面已知信息的分析，先就对话中可能会出现的重要细节进行预测，然后在听录音的过程中找出这些细节，做出合理的选择。

扫描二维码，🎧9–23
http://2d.hep.cn/44152/2

题型特点

❶ 题型

从A、B、C、D四个选项（一般2—5个字）中选出正确答案。

❷ 数量

共15题。

❸ 内容

一男一女的对话（一问一答）和一个问题。

学习重点

听录音前　看选项、预测问题。

听录音时　听细节，结合语境判断。其中，细节通常包括数量、时间、地点、人物身份、目的、原因等。

常见问题

❶ 不看选项

听录音时没有目标,错过了和选项有关的细节信息。

❷ 不会预测

没及时预测,在听到最后的问题时才发现错过了录音中的具体信息,无法理解说话人真实的想法。

❸ 没听问题

没有认真听最后的提问,不能区分出哪个选项是对应的信息。

解题技巧

❶ 看选项,猜问题

A、B、C、D四个选项是重点,听录音前需要快速阅读选项,预测问题,带着目标去听,这样可以从较长的对话中快速找到有用的信息。

> **常见提问方式**
>
> 做什么　为什么　怎么样　怎么了　怎么做　谁做的　在哪儿

> **训练技能**
>
> • 对汉字的快速反应能力;
> • 汉语的听辨能力,快速找到对应的细节信息。

9. A 写小说　　　B 做蛋糕　　　C 学游泳　　　D 练普通话

男：快放暑假了，你有什么打算？

女：我想学游泳，正好我家对面新开了家游泳馆，很方便。

问：女的暑假准备做什么？

C 选项中的"写、做、学、练"四个动词给我们的信息就是"做什么"。有了这样的预测，在听录音时就能很容易听到"我想学游泳"，所以选择C。

10. A 奖金少　　　B 来不及了　　C 专业不符　　D 要经常加班

男：这家互联网公司还不错，你没发一封求职信试试？

女：没，我的专业不太符合他们的要求。

问：女的为什么没发求职信？

C 看选项可以预测问题是"奖金、来不及（时间）、专业、加班"哪个方面有问题，带着这四个关键信息集中精力注意听就能听到"专业不太符合"，所以选择C。

11. A 很聪明　　　B 太紧张　　　C 不热情　　　D 很积极

男：你对新来的那个小伙子印象怎么样？

女：不错，人很聪明，学东西也快，就是缺少经验，还需要多锻炼锻炼。

问：女的觉得那个小伙子怎么样？

A 看选项的四个词都是形容词，可以预测问题是关于对人的评价的，听录音时注意听辨生词"聪明、紧张、积极、不热情"，就可以得到答案A了。

听力 第二部分 解析

🎧 **12.** A 房东　　　B 叔叔　　　C 妹妹　　　D 邻居

女：刚刚是谁敲门？

男：房东，他来提醒我们月底交下半年的房租。

问：敲门的人是谁？

Ⓐ 看选项预测问题是关于人的，注意听"是谁"，就可以听到答案"A房东"。

整体理解： 房子的主人来提醒他们交房租。

🎧 **13.** A 饿了　　　B 胳膊疼　　　C 没休息好　　　D 咳嗽得厉害

女：我昨天打了会儿网球，结果今天胳膊疼得都抬不起来了。

男：你平时运动太少，突然一运动当然会受不了。

问：女的怎么了？

Ⓑ 看选项可以预测问题是"怎么了"，听到"结果今天胳膊疼……"就可以直接找到答案B。

整体理解： 女的平时运动太少，昨天打了网球，结果胳膊疼得受不了了。

---

❷ 结合语境，关注对话中的细节。

当从四个选项中找不到重点时，听录音时就需要利用对话的内容、说话人的语气等来理解考查重点。边听边分析选项，排除错误的或者无关的信息。

听录音，思考问题

说话人在哪儿？　主要谈的是什么？　说话人的语气态度怎样？
是同意还是反对？　是轻松、愉快的，还是不满、为难的？

关注细节

数字　时间　地点　人物身份　语气

常见提问方式

关于……哪个正确？　男的（女的）是什么意思？　最可能的是什么？

训练技能

- 推断能力；
- 抓取细节的能力。

14. A 认识路　　B 很失望　　C 方向感差　　D 怕发生危险

女：我怎么觉得咱俩好像迷路了？

男：没有，我以前来过这儿，前面路口左转就到了。

问：关于男的，下列哪个正确？

A 选项中的信息比较多，不容易进行预测，所以在听对话时要注意结合说话人的语气来理解语境。"我以前来过这儿，前面……就到了。"男人这样轻松的回答语气可以判断他是认识路的。而B、C、D选项中的"失望、方向感差、怕发生危险"都是不好的感觉，可以排除，所以确定A是对的。

15. A 堵车了　　B 马上出发　　C 手表坏了　　D 没到时间

女：都五点一刻了，你怎么还不去接孙女？

男：你忘了？孩子今天参加乒乓球比赛，六点半才结束。

问：男的是什么意思？

D 用选项中的信息可以预测的是"有什么问题？"，对话中的细节和"时间"有关，"都五点一刻了""六点半才结束"。除了时间外，还可以从"……才结束"的"才"来判断男的语气是觉得结束时间很晚，利用语境可以理解出男的意思是"还没结束呢，不用着急去接孩子"，所以选择D。

🎧 **16.** A 没预习　　　B 没考好　　　C 填空题难　　D 复习得不错

男：下个星期就考国际法了，你复习得怎么样？

女：差不多了，这几天再把重点内容看一遍就行了。

问：女的是什么意思？

D 看选项可以预测是关于考试的话题，要关注的细节是"怎么样"，对话中的关键词"差不多了……就行了"是一种轻松的语气，所以可以判断出是"D复习得不错"。另外，"下星期就考……了"，能推断出现在还没考呢，排除B、C。

🎧 **17.** A 最近很忙　　B 换号码了　　C 无法上网　　D 忘记密码了

男：我这儿现在不能上网，明天再把表格发给你行吗？

女：只能这样了，明天你直接发我邮箱里吧。

问：关于男的，可以知道什么？

C 快速找到选项中的关键词"很忙、号码、上网、密码"，对话的第一句就是答案"现在不能上网"，所以答案是C。

整体理解：男的现在不能上网，女的同意他可以明天把表格发到邮箱里。

17

第二阶段 分项技能训练

🎧 18. A 在机场　　　B 很得意　　　C 讨厌阴天　　D 丢了登机牌

男：喂，你到机场了吗？几点的航班？

女：到了，九点的，但是外面还在下雪，飞机恐怕不能按时起飞了。

问：关于女的，下列哪个正确？

A 看选项中的信息较多：A是表示在哪儿，B、C是表示感觉怎么样，D是表示出了什么问题。带着这些信息听录音："你到机场了吗？……到了……但是……下雪……不能按时起飞"。可以利用语境理解对话的大概意思，能判断出女的现在"还在机场"。

❸ 通过听到的问题，概括对话内容，进行合理的推理判断。

这部分除了看选项、听对话以外，还要注意问题问的是什么。利用选项预测问题，需要注意最后的问题和你预测的是不是一样。另外，如果录音内容比较难，生词也不太理解，就需要认真听清楚最后的问题，利用看到的和听到的主要信息来概括理解整段话。对问题的理解有时也可以帮助我们整体理解内容。

训练技能

● 抓取细节的能力；
● 通过总结及合理推断进行整体理解的能力。

🎧 19. A 非常冷　　　B 热极了　　　C 很凉快　　　D 十分暖和

女：下了雨凉快多了，前几天实在是太热了。

男：是啊，前两天晚上热得都睡不着，今天终于能睡个好觉了。

问：现在天气怎么样？

听力 第二部分 解析

C 看选项可以预测问题是"天气怎么样",对话第一句就说"下了雨凉快多了,前几天……太热了",一定要认真听问题,问的是"现在",所以答案是C,不是B。

整体理解: 前几天太热了,晚上热得睡不着,现在下了雨很凉快,终于能好好睡了。

20. A 洗澡　　　B 跑步　　　C 写总结　　　D 打印材料

女:我想去公园散散步,一起去吧?
男:我不去了,我得**继续写工作总结**,明天就要交了。
问:男的**接下来**要做什么?

C 看选项预测问题是"做什么",对话中女的说"我想去……散步",男的说"我得继续写工作总结",可以知道男人接下来是要写总结。

整体理解: 女的想跟男的一起去公园散步,但是男的因为明天要交工作总结,得接着写总结。

21. A 厨房　　　B 教室　　　C 办公室　　　D 卫生间

男:怎么刚才家里电话一直占线?
女:我**那会儿在厨房**做饭呢,出来才发现电话没放好。
问:女的**刚才**在哪儿?

A 看选项就可以预测问题是"在哪儿",听到"我……在厨房做饭呢",就可以得到答案了。问题中的"刚才"就是女的在做饭"那会儿"。

整体理解: 女的在厨房做饭时,男的打来电话,但是因为电话没放好,所以一直占线。

19

22. A 没带地图　　B 啤酒不打折　C 没看到表演　D 没尝到小吃

女：你带儿子去海洋馆了？好玩儿吗？

男：挺好玩儿的，就是我们去晚了，错过了动物表演，有点儿可惜。

问：男的为什么觉得可惜？

C 虽然选项的内容较长，但可以快速找出关键词"地图、啤酒、表演、小吃"，听录音时注意这四个词，就可以听到"错过了动物表演，有点儿可惜。"得到答案C。

整体理解： 男的带儿子去了海洋馆，虽然挺好玩儿的，但是因为去晚了，所以很可惜没看到动物表演。

23. A 体育馆　　　B 家具店　　　C 图书馆　　　D 洗手间

男：现在买沙发，能免费送货上门吗？

女：可以，您留下电话和地址，我们三日内给您送到。

问：他们最可能在哪儿？

B 看选项可以预测是判断对话地点"在哪儿"如果能听到并且理解对话中"买沙发、送货"，就可以选择答案"B 家具店"了。

如果马上理解"沙发"就是一种"家具"的话，那么结合最后问题中问的是"最可能"，所以可以推断出"买"东西的地方是在"店"里。

第三部分 解析

　　HSK（四级）听力考试第三部分，主要考查总结推理能力，即根据卷面和录音中的信息，推理、概括出整段话的主题，要求考生熟练运用分类、综合、推理、归纳等方法，整体把握段落大意。在练习过程中，还应注意培养听、记关键信息的能力，因为这是汉语学习和用汉语进行其他学习的重要能力。

题型特点

扫描二维码 🎧 24-43
http://2d.hep.cn/44152/3

❶ 题型

从试卷A、B、C、D四个选项中选出正确答案。

❷ 数量

共20题。

❸ 内容

前10题，每题听一段对话（4—5句）和一个问题；后10题，听5段短文，每段短文后有两道题。

学习重点

关注要点　快速看选项、预测问题、找到话题的重点，并听记关键信息。

概括主题　在听录音的过程中要有意识地总结话题的中心内容是什么，不断地问自己"主要说的是什么？"

整理分类　整理、分类文章提到的内容，特别是对说明、议论的内容要根据话题主动猜测，判断出哪些是说话人表达的主要内容和观点。

常见问题

❶ 错过重要信息

没有听到录音的第一句话和最后一句话，错过了重要的信息。

❷ 遇到难词没有信心

听录音过程中听到很难的生词，没有信心就不继续听了，这样可能错过了简单但重要的信息。听力内容较多时，生词越难越要继续听。

❸ 不能利用选项和信息推理

听录音时不能利用选项和简单信息进行分类、推理和归纳，虽然听懂了一些词语和句子，但是没有总结出主要内容和观点。

解题技巧

❶ 关注第一句话和最后一句话，并注意话题的转移。

关注点    无论是做HSK考试题还是在日常生活中，我们都需要关注重要的信息，特别是开始说的第一句话和最后说的一句话，这常常是话题的关键点。日常对话中第一句或最后一句话通常包含对话最重要的信息。HSK听力考试的第一句话和最后一句话也常常是对话的关键点。

解题方法    考试的时候，常常有人因为过于关注选项或者考虑上一个题的答案，而没有听到有效的信息。所以要合理安排时间，掌握听力的解题节奏，适应从一个话题到另一个话题的转移。特别注意关注每段对话的第一句和最后一句。

训练技能
- 快速反应能力：听录音的同时要快速寻找解题所需要的有关信息；
- 对汉字的辨识能力；
- 对词语的听辨理解能力。

24. A 衬衫破了　　　　　　　B 男的感冒了
    C 药店关门了　　　　　　D 女的现金不够

女：我的钱不够，你有四百块吗？
男：我也没带多少现金，这家店不能刷卡吗？
女：他们的刷卡机坏了。
男：没关系，附近应该有银行，你等我一下。
问：根据对话，下列哪个正确？

D 答案就在第一句，选项关键词与录音中关键词相近。整体理解：女的现在带的"钱"不够了，还需要400元，男人也没有"现金"，但是这家店的刷卡机坏了，所以男的要去银行取钱。

🎧 **25.** A 填单子　　　B 擦桌子　　　C 倒垃圾　　　D 去应聘

男：你再仔细看看，是不是哪儿错了？

女：没有啊，一共五台电脑、三张办公桌，还有……

男：不对，你把电脑和桌子的数量写反了。

女：对不起，我写错了，我再重新填一张单子吧。

问：女的接下来要做什么？

A 答案在最后一句，选项关键词和录音中关键词相同。最后一句话"我再重新填一张单子吧"，可以知道女的接下来要"填单子"，结合前面听到的信息可以知道原因是电脑和桌子的数量写错了。

🎧 **26.** A 警察　　　B 演员　　　C 护士　　　D 服务员

女：您最近有什么计划吗？

男：最近在为一部电影做准备工作。

女：什么电影？能谈谈电影的大概内容吗？

男：是关于警察的故事，我在里面演一位老警察。

问：男的最可能是做什么的？

B 答案在最后一句，需要整体理解推断出答案。前面听到"电影"时可能会预测到答案，听到最后一句话"我在里面演……"就可以确定答案是"B 演员"，这里要注意不要选A。

27. A 郊区　　　B 医院后面　　C 火车站右边　D 高速公路旁

男：听说小高在郊区开了家饭馆儿。
女：是吗？怎么开在郊区了？
男：那边租金便宜，而且附近有几个学校，很多学生都去他那儿吃饭。
女：那生意一定不错。
问：那个饭馆儿在哪儿？

A 答案在第一句，选项关键词与录音中关键词相同。第一句话就是答案，如果没听清楚还可以重复听到。

整体理解： 小高的饭馆儿开在郊区，租金便宜，而且在几个学校的附近，去吃饭的人很多。

28. A 很值得　　　B 十分精彩　　C 让人难受　　D 比较无聊

女：你学功夫多长时间了？
男：从六岁开始，到现在已经二十多年了。
女：一定很苦很累吧？
男：确实是，不过回头想想，虽然辛苦，但都是值得的。
问：男的怎么看自己学功夫的经历？

A 答案在最后一句，选项关键词与录音中关键词相同。"虽然辛苦，但……"这个转折句也可以帮助我们整体理解：男人觉得自己学功夫很苦很累，但是觉得这二十多年的经历很值得。

29. A 很爱笑　　　B 比较胖　　　C 刚出生不久　D 今天过生日

男：小王的孩子出生了？男孩儿还是女孩儿？
女：女孩儿，两周前出生的。

25

男：我还没来得及去祝贺他呢。

女：我也没去，哪天我们一起去吧。

问：关于小王的孩子，下列哪个正确？

第一句问话可以判断是谈论小王的孩子出生的事，再继续听到"两周前出生的"，就可以确定答案是"C刚出生不久"。

🎧 30. A 大使馆　　B 篮球馆　　C 首都宾馆　　D 长城饭店

男：这次会议在**什么地方**举行？

女：我看网站上发的消息，说是安排**在首都宾馆**。

男：离我们这儿还挺近的。

女：是，坐地铁大约二十分钟就能到。

问：会议在哪儿举行？

看选项后听到第一句问话，就可以预测到关键信息是地点，所以很容易听到答案是"C首都宾馆"。

❷ 通过自问自答得到重要信息、理解主题。

关注点	无论是两个人的对话还是一个语段，听别人谈论一件事或者讲述一个故事时，我们都要理解主题。
解题方法	跳跃生词障碍，鼓励自己听不懂也要继续听下去，注意是什么人、什么时间、在哪儿、发生了什么事、事情的原因和结果，以及解决问题的办法。边听边给自己提问，对比选项进行排除或确定。
训练技能	• 听录音的同时要快速寻找解题所需要的有关信息； • 对汉字的辨识能力； • 对词语的听辨理解能力。

31. A 请假　　　　B 交作业　　　　C 送照片　　　　D 想报名

男：打扰一下，请问李老师在吗？
女：他出差了。你找他有事吗？
男：我想问学校广播站招记者的事，今天还能报名吗？
女：可以，明天是最后一天。
问：男的为什么找李老师？

D 看选项听第一句话就能理解对话的大意就是"男的找李老师"，继续听就可以听到"我想问……今天还能报名吗？"这就是解题需要的重要信息，由此得到了答案D：男的找李老师是"想报名"。

32. A 毛巾　　　　B 帽子　　　　C 眼镜盒　　　　D 塑料袋

女：我们去趟超市吧，明天出去玩儿得买点儿饼干和面包。
男：好，还有矿泉水、果汁什么的。
女：对。你记得拿几个塑料袋放车里，到时候用。
男：好的。
问：女的提醒男的带什么？

D 先看选项听第一句话就可以概括出对话的大意是"明天出去玩儿要带什么东西"，所以重要的信息就是"饼干、面包、矿泉水、果汁、塑料袋"，边听边对比选项就能确定答案了。

33. A 很粗心　　　B 要出国了　　C 唱歌很好　　D 爱写日记
34. A 被骗了　　　B 没赚到钱　　C 签证没办好　　D 朋友要离开

第33到34题是根据下面一段话：
小晴是我最好的朋友，我俩从小一块儿长大，后来还在同一个大学读书。**她今年申请了出国留学**，下个月六号就要走了，我很为她感到高兴，可是**一想到我们就要分开了**，心里又有些难过。

33. 关于小晴，下列哪个正确？

34. 说话人为什么感到难过？

Ⓑ 这段话的主题就是关于"我最好的朋友"，从选项中找到听录音时要关注的重点是"粗心、出国、唱歌、日记"，边听边对比A、B、C、D四个选项，抓住主要信息，就能得到第一个问题的答案B"要出国了"。

Ⓓ 同时也很容易从最后一句话理解事情的结果"我们就要分开了，心里……难过。"第二个问题的答案也选出来了。

🎧 **35.** A 吃烤鸭　　　B 唱京剧　　　C 打羽毛球　　　D 修理自行车
36. A 教课　　　　B 爬长城　　　C 办演出　　　　D 收拾房子

第35到36题是根据下面一段话：

爷爷非常**喜欢京剧**，每晚都会和朋友去公园**唱上几段**。尽管他们并不专业，但唱得很认真，每次都会吸引很多人在一旁观看，甚至还有人想跟着他们学。最近，**他们正商量教课的事情呢**。

35. 爷爷晚上常去公园做什么？

36. 爷爷和朋友最近在商量什么事情？

Ⓑ 在听录音时注意主题"什么事"：爷爷喜欢京剧，每晚都去公园唱。

Ⓐ 事情的结果是"有人想……学……他们正商量教课的事情呢。"所以选"A 教课"。

这样边听边归纳总结，给自己设置问题，虽然会有生词，但是也可以理解整段话的主要内容了。

❸ 明确观点，对已知内容充分理解、分类。

关注点	试题中，常常有一些对话、语段的内容是表达观点或者态度的，我们可以利用选项预测关注的重点。
解题方法	在听录音时要尽量跳跃生词障碍，在语言能力不足的情况下积极猜测、努力理解说明、评价、议论的内容，整理、分类不同的观点和态度。
训练技能	• 猜测对话重点的能力； • 理解观点或者态度的能力，对观点进行分类的能力； • 理解说话人意图的能力。

🎧 **37.** A 很热闹　　　B 空气好　　　C 森林多　　　D 交通方便

女：你寒假出去旅行了？
男：对，去了趟海南。
女：感觉怎么样？
男：**非常好！景色美，空气也新鲜**，有时间你也去看看吧。
问：男的觉得海南怎么样？

B 看选项就知道是评价类试题，所以注意听与"怎么样"有关的信息，就可以听到录音中的"非常好……空气也新鲜"，就能选出答案"B 空气好"。

🎧 **38.** A 很漂亮　　　　　　　　B 很正式
　　　C 有点儿大　　　　　　　D 稍微瘦了点儿

39. A 很吃惊　　B 正在减肥　　C 不爱打扮　　D 要去约会

第38到39题是根据下面一段话：

王小姐在商场买裙子。她从试衣间出来后，**售货员说："您穿这条裙子有点儿大。"** 王小姐却说："那太好了，我就买这条。"售货员感到很奇怪，王小姐解释说："我穿上它，朋友见了肯定会说我**减肥成功**了。"

38. 售货员觉得那条裙子王小姐穿怎么样？

39. 关于王小姐，可以知道什么？

Ⓒ 看第一个问题的选项知道是评价类试题，听到"裙子有点儿大"，就得到了答案C。

Ⓑ 又听到王小姐说"朋友……会说我减肥成功"，跟"减肥"有关，可以推断第二个问题的答案是B。

同时也能推断理解出王小姐觉得这条裙子好的原因，她希望朋友认为她减肥成功了。

🎧 **40.**　A 冰箱　　　　　　　　B 空调
　　　　C 照相机　　　　　　　D 传真机

41.　A 很复杂　　　　　　　B 用处大
　　　　C 语言简单　　　　　　D 不太准确

第40到41题是根据下面一段话：

我刚看了这个**照相机的使用说明书**，介绍得非常详细，尤其是"常见问题"那部分，总结了许多使用过程中容易出现的错误，**我觉得很有用**，你也看看吧。

40. 那份说明书是关于什么的？

41. 说话人觉得那份说明书怎么样？

C 从第一句话知道这段话的主题是"照相机的使用说明书"。得到第一个问题的答案。

B 听录音"照相机的使用说明书，介绍得非常详细"，可以了解到说话人感觉很好，所以第二个问题中A、D可以排除，录音中听到的"很有用"和选项中"用处大"的意思是一样的。

🎧 42. A 要友好　　　　　　　　B 千万别激动
　　　C 不能太随便　　　　　　D 别在众人面前

　　43. A 只说优点　　　　　　　B 声音要大
　　　C 提前通知　　　　　　　D 先表扬后批评

第42到43题是根据下面一段话：

表扬与批评是两门不同的艺术。一般情况下，表扬可在人多的时候，如会议上提出来；而 批评最好在没有其他人的情况下进行，这样可能更容易让人接受。当对一个人既有表扬又有批评时，最好 先表扬后批评，效果可能会更好些。

42. 批评别人时要注意什么？
43. 如果既要表扬又要批评时，最好怎么做？

D 这段议论性的语段，谈论的是"表扬"和"批评"两方面的情况，所以一边听一边要注意整理、分类：表扬——人多的时候；批评——没有人的情况下42题答案选D。

D 录音最后一句说："当对一个人既有表扬又有批评时，最好先表扬后批评"，因此43题选"D先表扬后批评"。

阅读

　　HSK（四级）阅读主要考查的是对语段进行阅读理解的能力，同时要求考生关注词语应用和语言逻辑，不考查汉语之外的常识。因此，考生需重点练习提高理解语段主题和快速浏览获取所需信息的能力。

　　HSK（四级）阅读部分要求的阅读速度是约80字/分钟，虽然对阅读速度要求不高，但要求在阅读的同时，关注重点词语的应用和语言的内在逻辑。建议练习时不要查字典，应根据语境推断词义并培养语感，练习结束后再学习并积累生词，尤其应注意词语的搭配。

重点和难点	阅读速度	约80字/分钟
	重点	提高阅读速度和理解的准确性
	难点	在阅读的同时关注词语应用和语言逻辑
考查内容	考 ✓	阅读理解、词语应用、语言逻辑推理
	不考 ✗	常识
训练技能	词语应用	
	语言逻辑推理	
	理解语段主题，快速浏览语段获取所需信息	
词语学习方法	练习时不要查词典或翻译生词，练习后再学习和总结生词	
	练习"猜词"能力，注意词语使用的语境和固定搭配	

阅读 第一部分 解析

　　HSK（四级）阅读第一部分，重点考查词语的积累和准确运用的能力，根据给出的句子或对话选择合适的词语。阅读水平的提高重点在于提高阅读速度和阅读理解准确度，由汉字到词语的快速辨识，再到句子以及语段的快速理解，这不仅要认识汉字、扩大词汇量，还要熟悉词语的用法。所以考生重点要增加词汇量，在学习生词时除了理解词语的意思，还要注意积累词语的搭配和用法，了解中国人言语表达习惯。

题型特点

① 题型

选词填空，第一组题干是句子，第二组题干是对话。

② 数量

共10题，5题一组。

③ 内容

备选词是10个四级新增词，主要是动词、名词、形容词。

学习重点

| 理解生词 | 积累生词及其重要用法和搭配、学会利用已知的词语或汉字推测词义、培养词语推理能力。 |

| 理解语境 | 结合语境理解句子或者对话的意思，找到与填空部分搭配合适的词语。平时要多留意中国人的表达习惯。 |

常见问题

❶ 不看生词

不注意看选项给出的词语。

❷ 不读句子

不认真读句子，只是大概浏览，不能结合语境理解句子的意思，没有联想有关的词语搭配。

❸ 过度依赖自己的母语

遇到生词就想翻译成母语，不能通过学过的汉字排除难点，推测生词意思。

解题技巧

❶ 分析备选词，注意词义和用法

对于不认识的生词可以结合学过的汉字进行大胆推理。

❷ 读懂句子

集中精力查找句子的结构和搭配，结合语境理解句子的意义和词语的用法。

第二阶段 分项技能训练

❸ 排除障碍

除了跳跃生词障碍，了解句子的大意外，还可以在做题中先选择比较容易理解的，把难题留在最后。这样确定了有把握的答案之后，再最后确认剩余题目的答案。

第1—5题：选词填空。

A 文章　　B 棵　　C 讨论　　D 坚持　　E 公里　　F 脏

例如：她每天都（ D ）走路上下班，所以身体一直很不错。

F 1. 抱歉，把你的衣服弄（　）了，我不是故意的。

E 2. 这种飞机的速度一般在每小时700到1000（　）之间。

C 3. 大家先看看材料，等马校长到了，我们就开始（　）。

A 4. 这篇（　）是由李教授和他的学生一起写的。

B 5. 奶奶家有（　）葡萄树，每到秋天它就会长满又大又甜的葡萄。

边看词语边联想。A文章：写文章、一篇文章；B棵：用于植物的量词，一棵树；C讨论：讨论问题；E公里：1公里（km）=1000米（m）；F脏：不干净，手脏了、衣服脏了、弄脏了。

读句子。遇到不能立刻找到对应选项的句子时，可以先跳过，最后用排除法选出。

解题。第1题的句子结构是"把"字句"……把……衣服弄脏了。"选择F；第2题"飞行速度……每小时……公里。"选择E；第3题根据语境理解"开始……"，所以要选择动词"C讨论"；第4题"这篇……是……写的"要选择的是名词，"A文章"；第5题"树"的量词是"棵"，选择B。

第6—10题：选词填空。

A 客厅　　B 到底　　C 温度　　D 刚　　E 联系　　F 正常

例如：A：今天真冷啊，好像白天最高（ C ）才2℃。

　　　B：刚才电视里说明天更冷。

F 6. A：这个学期专业课真多。

　　　B：很（　　），第一年基础课多，第二年主要就是专业课了。

B 7. A：想好了吗？（　　）去不去？

　　　B：那个地方太远，得我爸妈同意才行，我明天再告诉你吧。

E 8. A：周末的同学聚会你参加吗？

　　　B：当然，有几个同学毕业后就没（　　）了，正好借这个机会见见。

D 9. A：小马，你的房子租出去了吗？我有个亲戚想看看。

　　　B：不好意思，昨天下午（　　）租出去。

A 10. A：姐，我把你的机票和护照都放到一个大信封里了。

　　　B：好，你放在（　　）的桌子上吧，我中午回去拿。

37

边看生词边联想。A客厅：在客厅；B到底：你到底去不去、你到底怎么了；D刚：刚回来、刚上课；E联系：常联系、联系电话、很久没联系了；F正常：正常情况、事情都很正常。

读句子。特别是备选词比较难的时候，要认真读句子，利用句子提供的语境来确定答案。

解题。第7题用语境可以理解说话人追问的语气，应该是想问"到底去不去"选择B。另外，不太确定的题也可以先跳过，例如第6题在最后确定答案时整句话的意思也就更明白"这个学期专业课真多。很正常，第二学年主要是专业课。这是第二学年。"的意思，选择F。第8题理解句子的大意：周末参加同学聚会，正好见见毕业后一直没联系的几个同学。所以选择E。第9题看到时间"昨天下午"，可以确定是"刚租出去"，选择D。第10题"放在……的桌子上"可以利用语境理解是放在家里"客厅的桌子上"，选择A。

阅读 第二部分 解析

HSK（四级）阅读第二部分，重点考查阅读中对语言逻辑的理解能力。题目要求排列出三个选项的正确顺序，这就需要理解句子的主要内容和内在逻辑，这不仅要求考生掌握复句连词的语法逻辑，还要了解中国人的语言表达习惯。在解题过程中要学会用汉语思维，理解句子大意，集中注意力分析并寻找整段话的逻辑关系。

题型特点

❶ 题型

排列顺序。

❷ 数量

共10题。

❸ 内容

将每题A、B、C三个选项按照正确顺序排列，组成一句完整的话。

学习重点

理解主题

快速略读三个选项，理解句子的主要内容。

| 逻辑分析 | 标注关键词，连词、代词以及时间词都是解题线索。结合语境分析逻辑关系，特别是没有明显标志词时，更应注意语段逻辑。 |

常见问题

❶ 受生词干扰

在句子中因为生词的影响不能快速读完三个选项，所以很难理解整体内容。

❷ 找不到或没有标注关键词

连词和代词都可以帮助理解整段话的逻辑关系，不重视这些关键词就很难排列出正确的顺序。

❸ 逻辑不清

在没有连词时，不能通过句子的内容和语境来推断先后顺序。

解题技巧

❶ 略读并标注关键词

注意跳跃生词障碍，理解句子的整体意思。常见的关键词有连词，还有代词、时间词等。

❷ 确定第一项

利用关键词或者其他的逻辑线索确定第一项，结合语境理解句子的意义，第一项确定以后就比较容易利用逻辑关系推断出另外两项的顺序了。

❸ 浏览检查

最后再确认一遍正确的排列顺序，也就是根据关键词，把整段话的核心内容连起来理解，培养汉语思维。

11. A 没有人是十全十美的，有缺点很正常
    B 也要试着原谅自己
    C 因此我们既要学会原谅别人

ACB 略读A、B、C三句找出关键词。通过连词"既……也……"可以排出C、B的顺序，从关键词"因此"可知C不是第一项，A句很完整地提出了整段话的主题：人都会有缺点。

没有人是十全十美的，有缺点很正常，因此我们既要学会原谅别人，也要试着原谅自己。

12. A 这次的招聘会就由他来负责
    B 既然大家都觉得小高合适
    C 希望大家在今后的工作中也多多支持他

BAC 略读A、B、C三句找出关键词。通过连词"既然……就……"可以知道B、A的顺序，A和C中的"他"都是指代B中的"小高"，所以B应该是第一项。

既然大家都觉得小高合适，这次的招聘会就由他负责，希望大家在今后的工作中也多多支持他。

13. A 信息量较大，语法点也多

　　B 这段对话谈了好几个方面的问题

　　C 所以学生们理解起来有点儿困难

BAC 略读A、B、C三句找出关键词。C中的连词"所以"表示结论，应该是最后一项，B中"这段话谈了好几个方面的问题"，A中的"信息量大、语法点多"应该是B中提到的"问题"。

这段对话谈了好几个方面的问题，信息量较大，语法点也多，所以学生们理解起来有点儿困难。

14. A 意思是无论多远的路，都要从脚下这一步开始

　　B 人们常说"千里之行，始于足下"

　　C 也就是说，一切成功都是慢慢积累起来的

BAC 略读A、B、C三句找出关键词。A中"意思是"没有完整指出"什么的意思或者谁的意思"所以不可能是第一项，C中的"也就是说"是进一步解释说明前面提到的意思，所以只有B可以做第一项了。B中的"人们常说"后边是一句俗话，A就是来解释这句俗话的"意思是什么"，C是再进一步解释的，符合逻辑。

人们常说"千里之行，始于足下"，意思是无论多远的路，都要从脚下这一步开始，也就是说，一切成功都是慢慢积累起来的。

"人们常说……意思是……也就是说……"这是一个常用的句式，可以积累起来。

阅读 第二部分 解析

15. A 你是否也有这样的特点呢

　　B 比如说，做事努力、对自己要求严格等

　　C 调查发现，优秀的人都有一些共同点

CBA 　略读A、B、C三句找出关键词。A中"这样的特点"指代的是什么特点，B"比如说"前面需要有介绍的内容，C"调查发现，优秀的人都有一些共同点"，是比较完整的句子，后面可以具体介绍有哪些"共同点"，所以C应该是第一项，B接着来举例子说明具体的共同点。

调查发现，优秀的人都有一些共同点，比如说做事努力、对自己要求严格等，你是否也有这样的特点呢？

16. A 这次男子200米短跑比赛

　　B 当他知道这个结果后，开心得跳了起来

　　C 小林比第二名快了近三秒钟

ACB 　略读A、B、C三句找出关键词。B中的代词"他"指的是C中的"小林"，所以可以排列出的顺序是C、B。利用语境可以理解这句话是关于"这次短跑比赛"的，所以A是第一项。

这次男子200米短跑比赛，小林比第二名快了近三秒钟，当他知道这个结果后，开心得跳了起来。

17. A 王大夫今年已经60多岁了

　　B 这跟他平时经常锻炼身体有很大关系

　　C 可看上去要比他的实际年龄小很多

ACB 　略读A、B、C三句找出关键词。B和C中的代词"他"指的是A中的"王大夫"，所以A是第一项。C"可看上

43

去……年龄小得多"表示转折,和A"已经60多岁了"有关联,所以可以排列出的顺序是A、C。B中的"这跟他经常锻炼身体有很大关系"显然是用来解释C的。

王大夫今年已经60多岁了,可是看上去要比他的实际年龄小很多,这跟他平时经常锻炼身体有很大关系。

18. A 进去后按照票上的座位号入座,谢谢
    B 同学们,演出马上就要开始了
    C 请大家排好队

BCA

略读A、B、C三句找出关键词。C中的"大家"指代的是B中的"同学们",所以可以排列出的顺序是B、C。利用语境理解A中"进去"和C中"排好队"应该是先排队再进去,所以顺序是C、A。

同学们,演出马上就要开始了。请大家排好队,进去后按照票上的座位号入座,谢谢。

19. A 然而,直到最近几年它才引起人们的普遍关注
    B 早在上个世纪末就开始了
    C 其实,对这种技术的研究

CBA

略读A、B、C三句找出关键词。A中的"然而"表示转折,要有上半句;B没有主语,不完整;"C这种技术"是B的主语,同时也可以确定是第一项,顺序是C、B。再看B和A的时间"早在上个世纪末就开始了,然而,直到最近几年才引起人们的关注"也符合转折关系。

其实,对这种技术的研究,早在上个世纪末就开始了。然而,直到最近几年它才引起人们的普遍关注。

20. A 担心直接打电话会打扰到他

B 这时礼貌的做法就是先给他发条短信

C 当你想联系一个人，可又不清楚他是否有空儿

CAB 略读A、B、C三句找出关键词。A和B中的代词"他"指的是C中的"一个人"，所以C应该是第一项，利用语境理解顺序应为A、B："担心打电话会打扰"，那么"这时的做法就是先发短信"。

当你想联系一个人，可又不清楚他是否有空儿，担心直接打电话会打扰到他，这时礼貌的做法就是先给他发条短信。

阅读 第三部分 解析

HSK（四级）考试阅读第三部分，重点考查快速浏览语段获取所需信息的能力。考生须在规定的时间内快速阅读，准确理解语段的主题，利用文章中的具体信息做出正确判断。另外，如果对中国人的语言表达习惯有所了解，会更容易理解文章。

题型特点

① 题型
从A、B、C、D四个选项中选出正确答案。

② 数量
共20题。

③ 内容
前14题，每段话一个问题；后6题，每段话两个问题。

学习重点

查找信息　读问题，根据问题中的关键词到文章中查找与选项相关的信息。浏览文章时注意提高阅读速度，学会快速跳读。

理解推测	在看文章的时候注意对比选项中的关键词，利用关键词合理分析、推测，理解同一种意思的不同说法，即相同语义的不同表达。
归纳主题	阅读中要不断地问自己："这段话主要说的是什么？"总结归纳出阅读内容的主题。

常见问题

❶ 受生词干扰

在句子中因为个别生词的影响不能继续读完整段内容，不能采用快速跳读的方法来提高整体理解能力。

❷ 忽视细节

在阅读中没有利用问题或选项中的关键词，不能通过对比细节信息进行排除和确定。

❸ 理解错误

分不清一般信息和重要信息，或者没有区别出一般情况和作者的真实想法，把肯定的内容和否定的内容弄混了。

解题技巧

❶ 读问题

确定问题中的关键词，带着问题浏览查找，看到相关的内容就把整句话标记出来，要积极推测词义理解生词，然后对比选项确定答案。

❷ 快读文章，明确主题

在看文章时要问自己"这段话主要说的是什么？"一般主题都会在文章开头的第一句话或者结尾最后一句话出现。结合语境理解跟主题有关的句子，就容易归纳出整段话的主要内容了。

❸ 对比选项，排除确定

文章中的一些细节信息可以根据选项中的关键词去确定，带着选项中的关键词阅读文章，边读边对比理解，通过合理的分析推测排除无关的选项，确定正确答案。当阅读中的关键信息与题目一致时，可以直接选择；如果不一致，可以运用排除法排除其他选项，最后确定正确答案。

❹ 注意特殊句式

一些特殊句式可以帮助我们理解文章的主要内容，更快寻找到解题需要的信息。如：

因为……，所以……　　由于……，因此……　　主要原因是……　　之所以……，是因为……　　为了……　　以便……　　因此……　　结果……

21. 王月，我有个朋友想报考你那个专业的硕士，他有些问题想问你，我能把你的手机号给他吗？

★ 说话人的朋友想：

A 换班级　　　B 考硕士　　　C 读博士　　　D 问价格

B 看问题后标记出关键信息"朋友想"，然后到题干中查找到"我有个朋友想报考你那个专业的硕士"，用这句话对比选项，选择B。

阅读 第三部分 解析

22. 一般三岁左右的孩子就可以学习自己刷牙了。在正式教刷牙前，父母可以让孩子自己选择喜欢的杯子、牙刷和牙膏，这样更能引起他们刷牙的兴趣。

★ 让孩子选牙刷，能使他们：

A 学会管钱　　　　　　B 养成好习惯
C 动作更标准　　　　　D 对刷牙感兴趣

D 问题中的关键信息"让孩子选牙刷"，题干中可以查找到"让孩子自己选择喜欢的杯子、牙刷和牙膏，能引起他们刷牙的兴趣。"和"D对刷牙感兴趣"是一样的，选择D。

23. 文化是民族的，各民族文化都有自己的特点；同时文化也是世界的，各国文化在发展过程中相互影响、相互学习，也会有一些相同的地方。

★ "文化也是世界的"是指各国文化：

A 区别大　　B 都很流行　　C 有共同之处　　D 与科学无关

C 问题中的关键信息"文化也是世界的"，题干中能查找到"各国文化在发展过程中相互影响、相互学习，也会有一些相同的地方"，和"C有共同之处"一样，选择C。

24. 阅读时，遇到不懂的词，可以先根据上下文来猜它的意思，不要一遇到难词就去查词典。实在猜不出，再去查词典，这样才能提高我们的阅读水平。

★ 遇到不懂的词语，最好先：

A 猜词意　　　　　　B 画出来
C 上网查查　　　　　D 记在笔记本上

A 问题中的关键信息"遇到不懂的词语",题干中能查找到"遇到不懂的词,可以先根据上下文来猜它的意思"和"A猜词意"是一样的,选择A。

25. 今天下出租车时,由于着急赶时间,我不小心把照相机忘在了出租车上。司机师傅发现后马上叫住我,把相机还给了我。

    ★ 司机叫住他,是为了:

    A 停车　　　　B 还他相机　　C 找他零钱　　D 和他聊天儿

    B 问题中的关键信息"司机叫住他",题干中可以查找到"司机师傅……叫住我,把相机还给了我",所以答案是"B还他相机"。

26. 这种植物喜欢阳光,你最好把它放到窗边,多见见太阳,这样它才能长得快,叶子的颜色也会越来越绿。

    ★ 这种植物:

    A 很矮　　　　B 有香味　　　C 叶子很厚　　D 适合放窗边

    D 查找并对比选项信息,题干中"这种植物喜欢阳光,您最好把它放到窗边"和选项"D适合放窗边"是一样的,选择D。

    注意:"适合"是动词,"适合(某人)/(某事)/(做某事)"意思是"(某人)/(某事)/(做某事)最合适、最好"。

27. 有的人总是不好意思拒绝朋友的要求,害怕这样会影响两个人的感情。但实际上,真正的友谊不会因为你的一次拒绝就受到影响。

    ★ 有的人不愿拒绝朋友,是担心会:

    A 后悔　　　　B 影响友情　　C 被人笑话　　D 遇到麻烦

B 在题干中查找问题的关键信息"不愿拒绝朋友的要求",题干中"害怕这样会影响两个人的感情",意思就是"B 担心会影响友情",选择B。

28. 在自助餐厅里,如果你只坐在那儿等,那你什么都吃不到。你<u>必须站起来自己去拿,才能吃饱。生活也一样</u>,什么都不做也就什么都得不到。

    ★ 在生活中,<u>我们要</u>:

    A 尊重他人　　B 注意节约　　C 自己多努力　D 多照顾别人

C 问题中的关键词是"生活",在题干中看到"生活也一样,什么都不做也就什么都得不到",结合语境理解,可以知道,生活和在自助餐厅是一样的,"必须站起来自己去拿",意思是"C自己多努力",选择C。

29. 父母都希望自己的孩子诚实、勇敢、有礼貌。要想让孩子成为这样的人,<u>父母首先得从自己做起</u>,要是连自己都做不到,又怎能要求孩子做到呢?

    ★ 教育孩子时,<u>父母应该</u>:

    A 少提要求　　　　　　　B 降低标准
    C 自己先做好　　　　　　D 让孩子拿主意

C 题干中"父母首先得从自己做起"和"C父母应该自己先做好"的意思是一样的,选择C。

注意:"D让孩子拿主意"的意思是"让孩子决定"。

30. 冰心是著名的翻译家，也是深受儿童喜爱的作家。她的《寄小读者》和《再寄小读者》不仅深得中国小朋友的喜爱，在国外读者中也很受欢迎。

★ 根据这段话，可以知道冰心：

A 脾气很好　　　　　　　　B 爱开玩笑
C 喜欢浪漫　　　　　　　　D 很受儿童欢迎

D 边读题干边对比选项，可以看到题干中"深受儿童喜爱的作家"和"D很受儿童欢迎"意思是一样的，选择D。

31. 对不起，先生，您的行李箱超重了。按照规定，您只能免费带20公斤的行李，超重的部分每公斤加收全部票价的1.5%。

★ 根据这段话，超过20公斤的行李：

A 要收费　　B 不允许登机　　C 需专门存放　　D 要开箱检查

A 问题中的关键信息"超过20公斤的行李"，在题干中很容易可以查找到"免费带20公斤的行李，超重的部分每公斤加收全部票价的1.5%"，这里"超重加价"的意思就是"A要收费"，选择A。

32. 这段时间大家都很辛苦，这次活动能顺利举行与各位的支持和努力是分不开的。来，咱们一起干一杯。

★ 说话人在：

A 道歉　　　　B 做调查　　　　C 表示感谢　　　D 跟人打招呼

C 利用语境理解，说话人是在感谢大家。也可以用排除法，由"大家都很辛苦"可以排除D。由"这次活动能顺利举行与各位的支持和努力是分不开的"可知，"活动很顺利"，排除A。"来，咱们一起干杯"是在敬酒，由此可排除B。所以选择C。

阅读 第三部分 解析

33. 对很多女性朋友来说，逛街购物是一种放松心情、减轻压力的好方法。尤其是当买到自己喜欢的东西时，那种愉快的感觉可以让她们暂时忘掉一些烦恼。

★ 这段话主要谈的是什么？

A 爱情的作用　　　　　　B 购物的好处
C 经济的发展　　　　　　D 怎样增加自信

B 第一句话就是主要内容，"逛街购物是一种放松心情、减轻压力的好方法。" 对比四个选项的关键词"爱情、购物、经济、自信"，选择B。

34. 抽烟不仅对自己的身体不好，还会污染空气，影响周围人的健康。为了鼓励大家少抽烟，人们将每年的5月31日定为"世界无烟日"。

★ 这段话主要告诉我们要：

A 少抽烟　　　B 注意安全　　　C 保护环境　　　D 学会放弃

A 第一句话中"抽烟不仅对自己的身体不好，还会污染空气，影响周围人的健康"意思就是告诉我们要"A少抽烟"，选择A。

35—36.

很多人都羡慕导游，觉得他们能到处玩儿。其实，做导游并不像人们想的那样轻松。首先，导游要对景点非常地了解，而且讲解时还要想办法引起游客的兴趣。其次，导游每天都要走很多路，只有能吃苦，才能坚持下来。另外，旅行中会出现各种各样的问题，导游必须能够冷静地解决问题。

53

★ **35. 很多人羡慕导游，是因为导游：**

A 工资高　　　　　　　　B 假期长

C 知识丰富　　　　　　　D 能去各地玩儿

★ **36. 根据这段话，可以知道什么？**

A 门票很贵　　　　　　　B 游客没耐心

C 信心很关键　　　　　　D 导游工作辛苦

D 题干的第一句话"很多人羡慕导游，觉得他们能到处玩儿"和35题的"D能去各地玩儿"一样。

D 从第一句话可以知道这段话的主要内容谈的是"导游"，和36题选项的关键词"门票、游客、信心、导游"对比，再结合整段话的语境理解，可以确认答案是D。

整体理解： 很多人羡慕导游觉得导游能去各地玩儿，其实，他们工作很辛苦。

37—38.

多数情况下，对于不太熟悉的人，我们往往会根据周围人对他的看法来做出判断，但这样并不一定正确。要想真正了解一个人，不能光听别人说，而应该多与他交流，时间久了，自然就会了解这个人。

★ **37. 人们一般根据什么来判断不熟悉的人？**

A 自己的经历　B 别人的看法　C 他人的爱好　D 老人的经验

★ **38. 想真正了解一个人，应该：**

A 相信他　　　　　　　　B 同情他

C 多与他交流　　　　　　D 少提反对意见

B 根据题干可以找到37题的关键信息"不熟悉的人"，在文中可以找到"周围人对他的看法"，意思就是"B别人的看法"。

C 38题在题干中很容易找到对应的关键信息"要想真正了解一个人,不能光听别人说,而应该多与他交流",和"C 多与他交流"是一样的。

39—40.

幸福是什么?有人说,能帮助别人就是一种幸福。也有人说,健康才是最大的幸福。还有人说,小时候,幸福是一件东西,比如一本书、一块儿巧克力,得到了就很幸福;长大后,幸福是一种态度,是生活的态度决定了我们幸福感的高低。不管你认为幸福是什么,只要你用心去找,就一定能发现它。

★ 39. 有人觉得小时候的幸福是:

A 获得重视　　　　　　B 能玩儿游戏

C 取得好成绩　　　　　D 得到一件东西

★ 40. 最后一句的"它"指的是:

A 幸福　　　B 回忆　　　C 性格　　　D 态度

D 39题的关键信息是"小时候的幸福",在题干中查找到关键信息,"小时候,幸福是一件东西",和选项D的意思是一样的。

A 40题结合语境理解,"不管你认为幸福是什么,只要你用心去找(幸福),就一定能发现幸福","它"指的就是"幸福"。

55

书写

　　HSK（四级）书写重点考查汉字书写、词语运用、连词成句等汉语书面表达能力。HSK（四级）考试要求考生了解基本的遣词造句规则和词语搭配习惯，在学习这部分时，还要不断总结基本的语法规则，这些对提高汉语水平和考试成绩都有很大帮助。

　　总之，学习汉语离不开汉字的书写，一方面要通过动手书写汉字、词语和句子，提高书面语言表达能力；另一方面也应将阅读理解、语言逻辑等联系在一起，通过书写全面提高汉语交际能力。

重点和难点	重点	掌握组词和造句规则、词语搭配习惯、基本语法规则
	难点	书写汉字、遣词造句
考查内容	考 ✓	用词造句的能力
	不考 ✗	字形结构和文章撰写
训练技能	书写汉字、遣词造句	
	通过书写全面提高阅读理解和语言逻辑等汉语交际能力	
词语学习方法	着重学习四级新增词	
	了解词性和词义，主要区分名词、动词、形容词和量词	
	积累名词词组、动词词组和关联词等固定搭配	

书写 第一部分 解析

　　HSK（四级）书写第一部分，重点考查认汉字、写汉字和用词组句的能力。考生学习时，一方面要多练习汉字书写，注意书写规范（如书写方向、笔顺等）；另一方面要掌握汉语基本的语序和语法规则，注意句子的基本结构、常用句型、词语搭配和用法。练习时，可根据关键词语确定句子的主要成分，利用基本语法理清语序，有意识地培养语感。

题型特点

❶ 题型

完成句子。

❷ 数量

共10题。

❸ 内容

把四五个词或短语组成一个正确的句子，词语中一般至少包含两个四级新增词。

学习重点

| 增加词汇量 | 观察汉字的结构，理解词语的意思，正确写出汉字。因为题干中所给出的生词包含四级新词，所以要注意利用学过的汉字来推测生词的意思。 |

| 确定句型结构 | 一般动词、形容词是一句话的主干关键词，先确定这些实词的位置，然后再排列其他虚词的位置。 |

常见问题

❶ 汉字书写错误

抄写汉字时不认真观察，写成错别字。

❷ 少用或者多用词语

题目要求是用所给的词语排列成一句话，要求每一个词都要用到，既不能少用，也不能另外增加别的词。

❸ 排列顺序错误

没有抓住关键词，不了解基本的句型结构，对汉语特殊句式、固定格式积累不足。

解题技巧

❶ 看汉字，理解生词

如果有不认识的生词，可以结合汉字和所给的词语及语境进行推理。

❷ 分析整体结构

分析所给词语想要表达的整体内容，并确定句子的主干，即整体结构。要注意积累汉语常用句型、固定结构及词语固定搭配。

第二阶段 分项技能训练

❸ 检查

检查虚词、短语及固定结构的使用是否正确。

1. 我　适应了　这里的　已经　气候

我已经适应了这里的气候。

句子的主干是"我……适应了……气候",确定整体结构后再检查虚词,"已经"是副词,应放在动词"适应"的前面。

2. 计划　原来的　他不得不　改变

他不得不改变原来的计划。

先确定句子的主干是"他不得不……改变……计划","原来的"后边加名词,即"原来的计划"。

3. 举个例子　你能　证明　吗

你能举个例子证明吗?

先确定句子的主干是"你能……吗",因为有两个动词短语,所以要确定"证明"是关键词,即"举个例子证明"。

4. 都　完成了　今年所有的　任务

今年所有的任务都完成了。

"今年所有的"后边加名词"任务","所有的……都"后面要跟表示结果的怎么样。

5. 这个班的　大部分学生　亚洲　来自

这个班的大部分学生来自亚洲。

先确定句子的主干是"大部分学生来自亚洲","这个班的"后面要跟名词"学生",即"这个班的大部分学生"。

6. 生活的压力　并没有　放弃理想　使他

生活的压力并没有使他放弃理想。

考查重点是"使"的用法："使他"后面要跟结果怎么样，即"使他放弃理想"。"并没有"是副词，用在"使"的前面。

7. 每个人的　是我们　责任　保护环境

保护环境是我们每个人的责任。

"每个人的"后边应加名词，即"每个人的责任"，可以确定句子的主干是"……（事情）是我们的责任"。

8. 您女儿　真　棒　钢琴　弹得

您女儿钢琴弹得真棒。

根据"弹得"和"真""棒"可以知道句子的主干是程度补语：谁做什么做得真棒。

9. 那些　旧杂志　你　把　整理一下

你把那些旧杂志整理一下。

重点是"把"的用法，先找到跟"把"有关系的动词短语，即"把……整理一下"，再找到对应的主语和宾语，即"谁把什么整理一下"，"那些"后边加名词，即"那些旧杂志"。

10. 最多　这部电梯　16个人　乘坐　能

这部电梯最多能乘坐16个人。

动词"乘坐"是中心词，"能"应该在动词"乘坐"的前边，"最多"是副词，用在"能"的前边，即"最多能乘坐"，理解整个句子的意思是说"这部电梯"的大小。

61

书写　第二部分　解析

HSK（四级）书写第二部分，考查词语的理解、使用和看图说话（造句）的能力。学习时，应着重训练使用HSK（四级）新增词准确描述图片情境或者表达自己想法的能力。表达时不必刻意追求复杂的词语和句式，只要与图片内容有关、使用了题目中给出的词语、清晰表达语义即可。

题型特点

❶ 题型

看图用词造句。

❷ 数量

共5题。

❸ 内容

每题有一张图片和一个词语，所给的词语是HSK（四级）新增词，一般是名词、动词、形容词、量词。要求用这个词语写出一个和图片有关的句子。

学习重点

区别词性

理解词语的意思，并判断所给词语的词性是名词、动词、形容词，还是量词。再利用学过的汉语知识确定句子的基本结构。

看图书写：理解图片和词语的关系，把词语扩展成跟图片有关的一句话。不必写复杂的句子，但一定要准确掌握词语的用法和基本的语法结构。尽量写出结构简单、内容丰富的句子。

常见问题

❶ 句子与图、词无关

句子的内容和图片没有关系，或者没有使用给出的词语。

❷ 有错别字或语法错误

过分关注内容，词语或句子结构不准确。

解题技巧

❶ 理解词语、观察图片

如果给出的词语是不认识的生词，可以结合图片、汉字进行推理，确定词语的意思和可能的词性。

❷ 扩词成句

结合图片内容联想，把词语扩展成句子。

❸ 整理句子

结合图片的内容，用自己较为熟悉的词语搭配、固定结构、特殊句式整理句子，努力写出表达正确、内容丰富的句子。

11. 抬

参考答案：**我们在抬沙发。**
　　　　　我们把沙发抬到客厅去吧。

"抬"是动词，图片上是两个人和"沙发"，所以可以写出一个简单的句子：我们在抬沙发。也可以用"把"字句写出更好的答案：我们把沙发抬到客厅去吧。

12. 转

参考答案：**这里不能左转。**
　　　　　前面这个路口是不能向左转的。

"转"是动词，图片上的是"不能左转"的交通标志，所以可以写出一个简单的句子：这里不能左转。也可以用特殊句式"是……的"写出内容更丰富的答案：前面这个路口是不能向左转的。

13. 乱

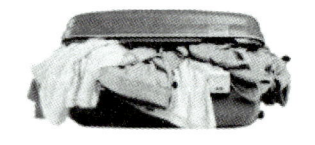

参考答案：**这些衣服太乱了。**

你的衣服放得太乱了。

"乱"是形容词，图片上是"衣服"，所以可以写出一个简单的句子：这些衣服太乱了。也可以用程度补语写出更好的答案：你的衣服放得太乱了。

14. 伤心

参考答案：**你别伤心了。**

你别伤心了，以后还有机会。

"伤心"是形容词，结合图片的场景，可以写出一个简单的句子：你别伤心了。也可以写一个内容更丰富的答案：你别伤心了，以后还有机会。

15. 钥匙

参考答案：**这是你的钥匙。**

这是你房间的钥匙，你拿好。

"钥匙"是名词，看图片联想到的是"给你钥匙"，所以可以写出一个简单的句子：这是你的钥匙。也可以用图片联想出内容丰富的答案：这是你房间的钥匙，你拿好。

16. 味道

参考答案：**我尝尝味道。**

我尝尝这汤的味道怎么样。

"味道"是名词，看图片联想到"尝味道"，所以可以写出一个简单的句子：我尝尝味道。也可以结合图片上男人喝汤的样子写出更丰富的答案：我尝尝这汤的味道怎么样。

17. 俩

参考答案：**我们俩很高兴。**

周末我们俩一起买了很多东西，非常开心。

"俩"是数词，图片上的两个人可以说"俩人、我俩、我们俩"，所以可以写出一个简单的句子：我们俩很高兴。也可以结合图片上两个人拿着许多东西的样子写出内容更丰富的答案：周末我们俩一起买了很多东西，非常开心。注意："俩"是"两个"的意思，后面不需要再用量词。

18. 台

参考答案：这台电脑是我的。

你看这台电脑怎么样？

"台"是量词，看图片可以看到两个人和"一台电脑"，所以可以写出一个简单的句子：这台电脑是我的。也可以结合图片的场景写出更好的答案：你看这台电脑怎么样？

19. 按时

参考答案：我一定按时到。

你放心，我一定按时到。

"按时"是副词，看图片联想到"按时到"，所以可以写出一个简单的句子：我一定按时到。也可以写出内容更丰富的答案：你放心，我一定按时到。

67

20. 到底

参考答案：这到底是什么呢？

我想不出答案到底是什么。

"到底"是副词，看图片联想到"到底是什么"，所以可以写出一个简单的句子：这到底是什么呢？也可以利用图片联想出更丰富的答案：我想不出答案到底是什么。

第三阶段

考前强化训练

温馨提示：

先按照考试时间进行自测，再看解析，记录学习要点。

HSK（四级）真题试卷解析（一）

一、听力

第一部分

第 1—10 题：判断对错。

1. 王先生还没到宾馆。
   (   )

   🎧 王先生，请把您的航班号还有航班降落的时间告诉我们，到时候我们宾馆会安排司机去机场接您的。

2. 任务推迟了两天才完成。
   (   )

   🎧 在大家的共同努力下，我们提前两天完成了任务。为了表示感谢，今天中午我请大家吃饭。

3. 大家都很尊重刘师傅。
   (   )

   🎧 刘师傅不仅专业技术好，还爱帮助其他同事，大家都很尊重他，所以都愿意选他当店长。

4. 活动八月底结束。
   (   )

   🎧 好消息：从今天起到七月九号，我店全场八折起，夏季鞋帽还参加满三百减五十的活动。

5. 地铁站在广播找人。
   (   )

   🎧 乘客们请注意，现在广播找人。来自山东的李梦小姐，请您听到广播后马上到地铁站西北口，您的家人在那儿等您。

1. 听≠看，需要总结推理。在录音中"到时候我们宾馆会……去接您的"，这里的"到时候"表示将来的时间，就是"（等）到……的时候再做……"的意思，可以判断出"王先生还没到"。

2. 听≈看，需要理解词义。"推迟……才"是关键词，所以听录音的时候就要注意任务完成的时间是"早了"还是"晚了"，听到"提前两天完成了任务"可以推断出是"早了"而不是"推迟"，所以句子是错的。

3. 听＝看，录音中代词"他"就是题干中的"刘师傅"，题干中的关键词"很尊重刘师傅"与录音中"都很尊重他"相同，句子是正确的。

4. 听≈看，需要理解词义。看到"八月底"就知道这是一道有关日期的考题，根据录音中"从……起（/开始）到……（结束）"，很容易听出结束的时间是七月九号，不是八月底。

   注意： 后边听到的"八折起"是说现在价格是原价的80%或以上，跟时间没有关系。

5. 听＝看，录音中"现在广播找人"和题干中"广播找人"相同；录音中还有"地铁站西北口"，可知"地铁站在广播找人"正确。

6. 会议正在进行。（　　）

🎧 会议室入口处的桌子上有一张表格，请各位先到那儿填一下自己的姓名和国籍，会议十五分钟后正式开始。

7. 云的变化很有意思。（　　）

🎧 云的样子会随着风而发生变化：有时看着像一只老虎，不一会儿可能就变成了一只鸟，接着又可能会变成一棵大树……真是有趣极了。

8. 他想吃包子。（　　）

🎧 我在一本杂志上看过关于这家饭店的介绍，我记得上面说他们家的饺子和烤鸭非常好吃，我们去尝尝吧。

9. 下周一的语法课继续上。（　　）

🎧 各位同学，马教授让我通知大家，由于他下周要到外地出差，下星期一硕士二年级的语法课暂停一次。

10. 多数人支持这次大会。（　　）

🎧 举行这次大会的目的是让更多的人加入进来，和我们一起保护动物。尽管在举行过程中遇到了一些困难，但还是得到了大多数人的理解和支持。

✗ 6. 听≈看，需要理解词义。"正在进行"是关键词，说明要注意的信息是跟时间有关的词语，"会议十五分钟后正式开始"可以推断出会议还没有开始。

✓ 7. 听≈看。录音中"有趣"和题干关键词"有意思"意思相近。利用语境策略，"有时像……不一会儿……变成……接着……变成……"，可以推断出录音讲的是"云的变化"。总结该句的意思是：云的变化很多，好像'老虎、鸟、大树'非常有意思。

✗ 8. 听≠看，细节信息对比判断。"包子"是关键词，可以快速预测听录音的重点是"他想吃什么？"，这样在听之前就知道了要关注的细节信息是"吃"，录音中是"……饺子和烤鸭非常好吃"，没有提到"包子"，细节信息不一样所以是错的。

✗ 9. 听≈看，需要理解词义。录音中关键词"暂停一次"与题干中关键词"继续上"相反，可以判断出是错的。
还可以利用语境策略推断总结，马教授下周去外地出差，那么通常情况下会停课。

✓ 10. 听＝看，录音中"得到了大多数人的理解和支持"与题干中"多数人支持"相同。

第二部分

第 11—25 题：请选出正确答案。

11. A 复习
    B 改密码
    C 申请邮箱
    D 记住新号码

    男：你最好换个密码，这个全是数字，太简单了，不安全。
    女：谢谢你的提醒，我稍后就换。
    问：男的建议女的做什么？

12. A 好多了
    B 更严重了
    C 还要打针
    D 能正常打球

    女：大夫，我女儿的胳膊怎么样了？
    男：已经好得差不多了，不过最近还是不能打网球。
    问：她女儿的胳膊怎么样了？

13. A 是教师
    B 请假了
    C 不爱打扮
    D 要去留学

    男：你今天打扮得真漂亮！
    女：谢谢，我今天第一天上课，想给学生们留个好印象。
    问：关于女的，可以知道什么？

14. A 很吃惊
    B 没猜对结果
    C 比赛很精彩
    D 没看完比赛

    女：礼拜天的乒乓球比赛你看了吗？结果怎么样？
    男：我只看了前半场，后面的因为太困了就没看。
    问：男的主要是什么意思？

B 11. 看选项"复习、改、申请、记住"四个动词就可以预测出问题是"做什么",听录音时可以听到"换个密码"和"B改密码"是一样的。

"你最好……"表示建议的语气。

A 12. 先看选项"好、严重、要打针、正常"可以预测问题是"怎么样",再听录音中"好得差不多了"就是"差不多快好了、好多了"的意思,所以答案是A。从后边听到的"不过还是不能打网球"可以排除D。

A 13. 看到选项预测问题是关于人的情况,录音中"打扮得真漂亮",因为"第一天给学生上课",目的是"给学生留个好印象",说明女的是教师。选择A。

D 14. 根据选项内容预测出要关注的细节是"人的情况"和"比赛的情况",通过听录音分类归纳,可以知道男的的情况:"只看了前半场……后边的……没看",所以D正确;比赛的情况录音没提到,所以选D。

15. A 迟到了
    B 没耐心
    C 写错数量了
    D 弄错顺序了

    男：你太粗心了，货物数量这儿竟然少写了一个零。
    女：实在抱歉，我马上改过来，保证下次不会再出现这样的错误了。
    问：女的为什么道歉？

16. A 瘦了
    B 没吃饱
    C 在咳嗽
    D 没力气了

    女：我们稍微休息一下吧，我没力气了。
    男：好的。包里有矿泉水，你喝点儿吧。
    问：女的怎么了？

17. A 邮局
    B 教室
    C 会议室
    D 大使馆

    男：小马，你要去邮局？顺便帮我寄份材料吧？
    女：没问题，你把地址给我。
    问：小马要去哪儿？

18. A 不放心
    B 要去运动
    C 他来收拾
    D 讨厌看电视

    女：你们去看电视吧，我来收拾碗筷。
    男：妈，我收拾就行了。您陪爸去楼下走走吧。
    问：男的主要是什么意思？

19. A 叔叔
    B 导游
    C 校长
    D 丈夫

    男：这家海洋馆是亚洲最大的？你怎么知道的？
    女：刚才导游说的，那会儿你和叔叔正好去存包了。
    问：是谁说那家海洋馆是亚洲最大的？

C 15. 看选项预测要关注的是发生了什么问题。听到"货物数量……少写了一个零",就可以选择答案C了。

没耐心:做事着急。

D 16. 选项中的"瘦了、没吃饱(饿了)、在咳嗽(病了)、没力气了"可以预测问题是"怎么了",录音中"我没力气了"与"D没力气了"是一样的,选择D。

A 17. 看选项都是处所词,可以预测问题是关于处所的,录音中"去邮局"和"A邮局"一致,选择A。另外,录音中的"邮局、寄材料、地址"也是能帮助理解的信息。

C 18. 看选项就可以预测录音内容是关于人的活动和情况的。听录音时主要关注"做什么"就可以听到"去看电视、收拾、下楼走走。",而男的表示"他来收拾",选择C。另外,"……就行了"表示轻松的语气,可以排除A。

B 19. 看选项可以预测问题是跟人有关的,在听录音时听到"导游说的",就可以选择B。总结该句的意思是:男的和叔叔去存包时,女的听导游说这家海洋馆是亚洲最大的。

20. A 爱干净了
　　　B 更仔细了
　　　C 变活泼了
　　　D 懂礼貌了

女：你弟弟上学后改变了不少，我记得他以前很害羞。
男：对，他现在活泼多了。
问：弟弟现在怎么样？

21. A 500
　　　B 1000
　　　C 2000
　　　D 3000

男：这辆车是你新买的吧？我看才跑了两千公里。
女：去年秋天买的，快半年了，不过没怎么开。
问：那辆车跑了多少公里？

22. A 脏了
　　　B 破了
　　　C 肥了
　　　D 不正式

女：丽丽呢？去洗手间了？
男：是，她刚才倒果汁，不小心把果汁弄到裤子上了。
问：丽丽的裤子怎么了？

23. A 很重
　　　B 是空的
　　　C 黑色的
　　　D 塑料的

男：昨天你打扫客厅时，有没有看见一个深蓝色的纸盒子？
女：看见了。我看里面什么都没有，就扔了。怎么了？
问：关于那个盒子，下列哪个选项正确？

24. A 日记
　　　B 小说
　　　C 学期计划
　　　D 工作总结

女：你在写什么？日记吗？
男：不是，是学期计划。每个学期开始前我都会写这么一个计划，已经养成习惯了。

C 20. 看选项可以预测出问题是关于人的变化,听录音时可以听到"以前很害羞……现在活泼多了",所以答案是C。

害羞: 觉得不好意思。

活泼: 性格外向爱说爱笑。

C 21. 看选项可以预测是关于数字的问题。注意听数字,很容易可以找到"两千公里(2 000 km)"。

A 22. 看选项的形容词可以预测问题是关于一件东西的情况的,听到"把果汁弄到裤子上了"可以推测出"裤子脏了",选择A。还有"洗手间"也是一个提示信息,帮助理解对话的内容:丽丽倒果汁时,不小心把裤子弄脏了,所以去了洗手间。

B 23. 看选项可以预测问题是关于一件东西的情况的,听到"深蓝色的纸盒子",可以排除C、D选项。"里面什么都没有"可以排除"A很重",所以答案选择"B是空的"。

C 24. 看选项可以预测问题是关于一份东西的情况,最可能的动词是"写",根据录音可以知道,男的不是在写"日记",而是在写"学期计划",选择C。

问：男的在写什么？

25. A 填错了
    B 被拒绝了
    C 错过时间了
    D 要重新报名

男：都这么久了，你怎么还没报完名？

女：别提了，刚才电脑突然死机了，填的内容都没了，我只好再填一遍信息。

问：关于女的，可以知道什么？

第三部分

第 26—45 题：请选出正确答案。

26. A 不够大
    B 价格高
    C 交通不便
    D 环境一般

女：住在这里，交通和生活都挺方便的。

男：是，而且周围景色也不错。

女：就是太贵了，全部下来要两百多万。

男：确实不便宜，咱们再考虑考虑吧。

问：他们觉得那个房子怎么样？

27. A 压力大
    B 竞争大
    C 水平低
    D 太自信了

男：您认为周明输掉比赛的原因是什么？

女：他是第一次参加这种国际比赛，估计心里比较紧张。

男：您的意思是他压力太大了？

D 25. 看选项可以预测关注的内容是"发生了什么问题"。录音中男的问"怎么还没报完名?"女的回答"电脑……只好再填一遍",根据语境可以推断出:电脑有问题了,只能重新报名了,答案就是D。

B 26. 看选项预测是评价"怎么样"的,录音中提到优点是"交通……方便……景色不错",缺点是"就是太贵了……不便宜",和"B价格高"意思一样,选择B。"**就是**"之后通常指出缺点或不满意的地方。

A 27. 看选项预测是关于人的问题。录音中男的说"压力太大了?"女的赞同,与"A压力大"一致。另外,从"按照他平时的水平,拿第一应该没问题"推断,可以首先排除C。

女：我觉得是，按照他平时的水平，拿第一应该没问题。

问：女的认为周明为什么会输？

28. A 长城
    B 修车店
    C 火车站
    D 高速公路上

女：你怎么停下来了？高速公路上不让停车呀。
男：车好像坏了，我下去看看。
女：昨天不是刚修理过吗？
男：是啊，不知道怎么回事。
问：他们现在在哪儿？

29. A 有约会
    B 要看演出
    C 没准备好
    D 找到工作了

男：对不起，刚才我在看表演，没听到手机响。
女：没事，我想问你这周四的招聘会去不去。
男：我已经找到工作了，不去了。
女：真的？那祝贺你了。
问：男的为什么不去招聘会？

30. A 失败了
    B 想学京剧
    C 羡慕别人
    D 放暑假了

女：马上就放寒假了，你有什么打算？
男：我想去学京剧。
女：寒假就一个月，这么短的时间你能学会吗？
男：先学些基础的，以后接着学。
问：关于男的，可以知道什么？

D 28. 看选项预测听录音时要注意的细节信息是"在哪儿",这样听第一句话就可以得到答案,"高速公路上"和D一致,所以选择D。

D 29. 看选项预测问题是"做什么"或"为什么"。听录音中男的说"我已经找到工作了,不去了",由此可以判断他"不去"的原因是"D找到工作了"。注意从第一句话"刚才在看表演,没听到手机响"可以排除"B要看表演"。

B 30. 从第一句问话"寒假有什么打算"就可以排除D,同时听到回答"想去学京剧",就可以找出对应答案了。对话中没有提到结果"失败",也没提"别人",所以可以排除A、C。

31. A 带伞
B 晚上出发
C 带厚衣服
D 凉快了再去

男：丽江这几天天气怎么样？
女：这一星期都是晴天，温度也比北京高。
男：那就不用带厚衣服了吧？
女：要带，那儿早晚温度低，得穿厚点儿。
问：女的建议怎么做？

32. A 在银行
B 是警察
C 丢钱包了
D 在擦桌子

女：你好，我刚才在你们店用过餐。
男：我记得您。您有什么事？
女：我好像把钱包忘在桌子上了，应该是十号桌。
男：原来是您丢的啊。
问：关于女的，下列哪个正确？

33. A 儿童
B 记者
C 李博士
D 博士的妻子

男：最近有李博士的消息吗？
女：我上午刚收到他的邮件。
男：他说什么了？
女：他说那个关于儿童教育的调查快结束了，九月回国。
问：他们在谈谁？

34. A 酒的做法
B 餐厅地点
C 阿姨的职业
D 葡萄甜不甜

女：这葡萄酒的味道真不错，在哪儿买的？
男：不是买的，是我妈自己做的。
女：阿姨真厉害。你能帮我问问是

C **31.** 录音中"要带（厚衣服），早晚温度低，得穿厚点儿"和"C带厚衣服"是一样的，选择C。

C **32.** 录音中的"钱包忘在桌子上了"与"C丢钱包了"是一样的。后面男的又说了一句"原来是您丢的啊"确认女的是丢了钱包。其他三个选项中的内容，对话中均未提到。

C **33.** 看选项预测是关于人的问题，第一句话就是答案。可以总结一下：女的收到了李博士的邮件，李博士说他做的调查快结束了，九月回国。

A **34.** 本题需要从整体推理总结。先确定主题是谈论葡萄酒，继续听可以理解对话的大意：女的觉得葡萄酒好喝，所以问男的在哪里买的，发现葡萄酒是男的的妈妈自己做的，所以女的想知道葡萄酒的做法。

怎么做的吗？

男：当然可以，我让她把做法写给你。

问：女的想知道什么？

35. A 更轻
    B 更漂亮
    C 很流行
    D 在打折

男：这两个眼镜有什么区别吗？
女：虽然看起来差不多，但是左边这个轻一些。
男：是吗？那麻烦你都拿给我试试吧。
女：好的，我建议你买这个轻的，戴着舒服。

问：左边那个眼镜怎么样？

36. A 很有名
    B 在北京
    C 在黄河上
    D 有百年历史

37. A 堵车了
    B 下雨了
    C 要赶飞机
    D 票卖光了

第36到37题是根据下面一段话：

小王，前面那座桥就是著名的南京长江大桥，它是长江上的第三座大桥，已经有四十六年的历史了。本来想带你去看看的，但你还要赶飞机，时间来不及了。下次你来南京，我一定带你好好参观一下。

36. 关于那座桥，可以知道什么？
37. 小王这次为什么无法参观？

A 35. 看选项预测是评价一样东西，录音中女的说"左边这个轻一些"和"A更轻"相同，选择A。

A 36. 录音中提到"著名的南京长江大桥"，"著名的"和"A很有名"相同，说明南京长江大桥在南京，排除B、C，A正确，同时，下一句提到南京长江大桥有"四十六年的历史"，可排除D，所以选A。

C 37. 继续听到"赶飞机，时间来不及了"，所以选C。

第三阶段 考前强化训练

38. A 无聊
    B 工资高
    C 无奖金
    D 常出差

39. A 很后悔
    B 很失望
    C 在卖表
    D 生意很成功

40. A 感冒了
    B 心情差
    C 要照顾孙子
    D 去亲戚家了

41. A 很帅
    B 很富
    C 很认真
    D 很勇敢

42. A 拿刀
    B 打扰动物
    C 乱扔垃圾
    D 给动物吃的

43. A 使用火
    B 适应气候
    C 让自己放松
    D 判断什么能吃

🎧 第38到39题是根据下面一段话：

小张是个敢想敢做的人。他三十岁时放弃了当时一份工资很高的工作，跟朋友从零开始，做起了家具生意。短短五年，他就有了自己的家具公司，还把家具卖到了国外。

38. 小张放弃了一份什么样的工作？
39. 小张现在怎么样？

🎧 第40到41题是根据下面一段话：

老李的孙子出生后，她每天忙着照顾孩子，也不来唱歌了。昨天我在路上遇见她，她一脸幸福的样子，还得意地对我说："我孙子特别可爱，长大了肯定是个帅小伙儿。"

40. 老李为什么不去唱歌了？
41. 老李觉得孙子长大后会怎么样？

🎧 第42到43题是根据下面一段话：

动物园常提醒游客不要随便给动物扔吃的。因为人在吃东西前会进行选择，知道哪些不该吃，可大部分动物没有这个能力。如果吃了不该吃的东西，例如塑料袋，它们不但会生病，甚至还会有生命危险。

42. 动物园提醒游客不要做什么？
43. 大部分动物没有什么能力？

HSK（四级）真题试卷解析（一）

B 38. 这段话主要说的是小张的情况，录音中"放弃了工资很高的工作"，可以判断答案是B。

D 39. 继续听"短短5年，就……"可以理解小张的家具生意用很短的时间就成功了，所以答案是D。

C 40. 这段话主要谈论的是"老李"的情况："老李的孙子出生后，她每天……照顾孩子，不来唱歌了。"可以知道答案是C。

A 41. "（老李）……幸福……说：我孙子特别可爱，长大后肯定……帅……"，可以找到对应的答案A。

D 42. 录音中的第一句话就是这段话的主题"不要随便给动物扔吃的"，可以知道答案是D。

D 43. "因为人在吃东西前会选择，动物没有这个能力"，"选择"和"判断"在这里意思有关联，所以选择D。

89

44. A 健康

　　　B 教育

　　　C 节日

　　　D 爱好

45. A 很辛苦

　　　B 不被重视

　　　C 不太科学

　　　D 人们最熟悉

第44到45题是根据下面一段话：

　　散步是最简单、也是人们最熟悉的一种运动，对身体大有好处。随着社会的发展，人们越来越关心健康问题，散步也更加受到人们的重视。每年的九月二十九日是"世界散步日"。在这一天，很多人都会走出家门，用散步来欢迎这个节日的到来。

44. 人们越来越关心什么问题？

45. 关于散步这种运动，下列哪个选项正确？

A **44.** 这段话主要谈的是"散步",第一句话"散步……人们最熟悉的一种运动"就是D。

D **45.** 第二句话"人们越来越关心健康问题"是答案,选择A。

注意:这里两个问题的顺序是反的,提醒我们在听录音时要整体理解。

二、阅读

第一部分

第46—50题：选词填空。

A 故意　　B 感谢　　C 既然　　~~D 坚持~~　　E 倍　　F 永远

例如：她每天都（ D ）走路上下班，所以身体一直很不错。

46. 祝你们俩新婚快乐、（　）幸福，干杯！

47. 太阳的质量大约是地球的33万（　）。

48. 他不是（　）骗你的，你就原谅他吧。

49. 观众朋友们，（　）您收看今天的节目，我们明天同一时间再见。

50. 你（　）已经醒了，就别躺着了，起来洗脸刷牙吧。

(1) 边看词语边联想：

A 故意：故意不说话、我不是故意的；

B 感谢：感谢大家、非常感谢、表示感谢；

C 既然：既然不舒服就休息吧、既然饿了就吃点儿东西；

E 倍：三倍、很多倍、几倍；

F 永远：永远幸福、永远健康。

(2) 读句子。有的句子答案和固定搭配有关，还有的句子需要根据语境来找答案。

F 46. 从语境来看，应该是祝福"新婚"的人"永远幸福"。

E 47. 出现了"33万"这个数字，且根据"太阳的质量是地球的……"，可知此处答案是"33万倍"。

A 48. 根据语境"你就原谅他吧"，可知"他不是故意骗你的"。

B 49. 理解句子的大意，说话人应该正在"感谢"收看今天节目的观众朋友们。

C 50. 根据句子大意，可知说话人认为"既然已经醒了，就别躺着了"，"既然……就……"也是一对固定搭配的关联词语。

第51—55题：选词填空。

A 方向　　　B 到底　　　C 温度　　　D 标准　　　E 盒　　　F 剩

例如：A：今天真冷啊，好像白天最高（ C ）才2℃。
　　　B：刚才电视里说明天更冷。

51. A：李护士说的那个消息（　　）是真的还是假的？
　　 B：我也不清楚，但很多人都说咱们医院要搬到郊区去。

52. A：她的中文说得真（　　）。
　　 B：是啊，光听声音的话，恐怕没人知道她是个外国人。

53. A：你好，首都体育馆是往这个（　　）走吗？
　　 B：对，在前面红绿灯那儿右转，然后再向前走几百米就到了。

54. A：这个饼干的广告做得真不错，很吸引人。
　　 B：对，看得我特别想吃，真想买一（　　）尝尝。

55. A：中间的座位没有了，只（　　）下第一排和最后两排的了。
　　 B：那坐后面吧，离得太近对眼睛不好。

(1) **边看词语边联想：**

    A 方向：这个方向、那个方向、哪个方向；

    B 到底：到底好不好、到底买不买；

    D 标准：很标准、不太标准、发音标准；

    E 盒：一盒牛奶、两盒蛋糕、几盒礼物；

    F 剩：剩饭、剩菜、只剩下一个人。

(2) **读句子**。比较难的句子或词语可以先跳过不看，例如第51题和第55题；先看相对容易找到答案的句子，例如第52题、第53题和第54题。

B 51. 根据"是真的还是假的"，可知说话人是一种追问的语气，因此是"到底是真的还是假的"。

D 52. 根据答话中"恐怕没人知道她是个外国人"，说明她的中文说得和中国人差不多，即"标准"。

A 53. 根据上下文语境，"对，在前面……右转，然后……几百米就到了"，可知说话人是指路（介绍方向），即确定首都体育馆"是往这个方向走吗"。

E 54. 考查的是量词，"饼干"的量词用"盒"。

F 55. 根据语境，"中间的座位没有了"，应该"只剩下第一排和最后两排的了"，"剩下"的一般是人们不希望接受的，也符合"离得太近对眼镜不好"。

第二部分

第 56—65 题：排列顺序。

56. A 正好这周末没什么事情，打算到处走走
    B 我在这儿生活快半年了
    C 还没好好逛过

57. A 顺利地把这个问题解决了
    B 他突然想出了一个好办法
    C 就在所有人都不知道该怎么办时

58. A 即使在同一个城市工作
    B 毕业后我和以前的同学就很少见面了
    C 也只是偶尔出来聚一下

59. A 不过一定要及时还回来
    B 可以拿到一层复印店去复印
    C 这里的书都不能外借，你要是有需要

BCA 56. C句"还没好好逛过"的地方指的是B中的"这儿",所以可以排列出的顺序是B、C,C中的"还没好好逛过"又是A中"打算到处走走"的原因,因此A句应该排在C句的后面。

我在这儿生活快半年了,还没好好逛过,正好这周末没什么事情,打算到处走走。

CBA 57. A句"顺利地把这个问题解决了"是B句中的"他突然想出了一个好办法"的结果,因此可以排列出的顺序是B、A,而"B他突然想出了一个好办法"发生的时机是"C就在所有人都不知道该怎么办时",所以B句应排在C句后面。

就在所有人都不知道该怎么办时,他突然想出了一个好办法,顺利地把这个问题解决了。

BAC 58. "即使……也……"是一对关联词语,所以可以排列出的顺序是A、C,"B毕业后我和以前的同学就很少见面了"是一个完整的句子,后面可以对"很少见面"进行具体说明,如C中"偶尔出来聚一下",因此B句是第一项。

毕业后我和以前的同学就很少见面了,即使在同一个城市工作,也只是偶尔出来聚一下。

CBA 59. A中的"不过"表示转折,一般放在其他句子的后面,"一定要及时还回来"和"B可以拿到一层复印店去复印"有关联,所以可以排列出的顺序是B、A,利用语境可以理解这句话是关于"这里的书"的,C中"你要是有需要"又和B中"去复印"形成了假设关系,所以C句应该是第一项。

这里的书都不能外借,你要是有需要,可以拿到一层复印店去复印,不过一定要及时还回来。

60. A 是否应该继续留着
B 不同的人有不同的看法
C 对于这条法律规定究竟是否合适

61. A 听说明天学校的文化艺术节
B 邀请了很多名人参加
C 其中还有不少演员和作家呢

62. A 好的售货员懂得通过打招呼来吸引顾客
B 也不会因为不热情而让顾客觉得不友好
C 他们不会因为太热情而让顾客讨厌

63. A 但是我正好缺一条明晚舞会时穿的裙子
B 其实,这件衣服我也不是百分之百满意
C 而且也没时间再出来买了,所以就它吧

CAB 60. A中"是否"和C中"是否"构成了并列关系，C句"对于这条法律规定究竟是否合适"是一个完整的句子，两句陈述的对象都是"这条法律"，因此可以排列出的顺序是C、A，B句"不同的人有不同的看法"是对C、A两句的进一步说明，因此在C、A两句的后面。

对于这条法律规定究竟是否合适，是否应该继续留着，不同的人有不同的看法。

ABC 61. B句中"很多名人参加"的应该是A句中的"文化艺术节"，所以可以排列出的顺序是A、B，C句"其中"指的是"很多名人中"，因此C句应该在B句的后面。

听说明天学校的文化艺术节邀请了很多名人参加，其中还有不少演员和作家呢。

ACB 62. C中"他们"指代的是A句中的"好的售货员"，所以可以排列出的顺序是A、C，B中的"也不会"和C中的"不会"构成了并列关系，因此有"也"的B句放在C句的后面。

好的售货员懂得通过打招呼来吸引顾客，他们不会因为太热情而让顾客讨厌，也不会因为不热情而让顾客觉得不友好。

BAC 63. A句中的"但是我正好缺一条明晚舞会时穿的裙子"和B句中的"这件衣服我也不是百分之百的满意"构成了转折关系，所以可以排列出的顺序是B、A，C句中的"而且"表示递进，根据语境，C中"而且也没时间再出来买了"在意思上比A句"但是我正好缺一条明晚舞会时穿的裙子"更进了一层，因此在A句的后面。

其实，这件衣服我也不是百分之百满意，但是我正好缺一条明晚舞会时穿的裙子，而且也没时间再出来买了，所以就它吧。

64. A 我的头发几乎都是在那儿理的,因为经常去
　　　B 现在连店里的师傅都认识我了
　　　C 我家附近有家理发店

65. A 我们班最近转来了一位新同学
　　　B 这使得我们俩很快就成了好朋友
　　　C 她跟我一样爱看电影,也爱打羽毛球

第三部分

第 66—85 题:请选出正确答案。

66. 我公司现招聘一名经济法方面的律师,要求:年龄在35岁以下,至少会一门外语,有三年以上工作经验。欢迎符合条件者前来应聘。

　　★ 应聘这个工作的人必须:

　　　A 超过35岁　　　　　　　B 有管理经验
　　　C 会说普通话　　　　　　D 工作三年以上

67. 酸辣汤是中国南方常见的小吃,它的味道就跟名字一样,既酸又辣。在寒冷的冬天喝上一碗,会让你感觉非常暖和。

　　★ 酸辣汤:

　　　A 很苦　　　　　　　　　B 味道酸且辣
　　　C 有减肥效果　　　　　　D 不适合冬天喝

CAB 64. A中的"那儿"指代的是C中的"理发店",所以可以排列出的顺序是C、A,B句"现在连店里的师傅都认识我了"是A句中的"因为经常去"的结果,A、B两句又构成了因果关系。

我家附近有家理发店,我的头发几乎都是在那儿理的,因为经常去,现在连店里的师傅都认识我了。

ACB 65. C句中的"她"指代的是A中的"新同学",所以可以排列出的顺序是A、C,根据语境,B中的"这"指代的是"C她跟我一样爱看电影,也爱打羽毛球",因此B句在C句的后面。

我们班最近转来了一位新同学,她跟我一样爱看电影,也爱打羽毛球,这使得我们俩很快就成了好朋友。

D 66. 问题中的关键信息是"应聘这个工作的人",题干中可以查找到相应的要求,对比选项可以找到,"有三年以上工作经验",和"D 工作三年以上"是一致的,所以答案是D。

B 67. 问题中的关键信息是"酸辣汤",题干中的"既酸又辣"和"B味道酸且辣"意思是一样的,所以答案是B。

68. 张医生年轻时非常喜欢旅行，去过很多地方。不管走到哪里，他都会带着照相机。他说美丽的景色虽然带不走，但他可以带走照片，带走一份回忆。

　★ 张医生旅行时：
　　A 不爱照相　　　　　　　　B 经常迷路
　　C 总带着相机　　　　　　　D 喜欢回忆过去

69. 和付现金相比，刷信用卡有许多优点。首先，购物时无需带很多现金，非常安全；其次，刷卡也减少了找零钱的麻烦。

　★ 这段话告诉我们，使用信用卡：
　　A 更复杂　　　　　　　　　B 更方便
　　C 很普遍　　　　　　　　　D 能节约钱

70. 哥，过来帮我个忙吧，你和我抬一下沙发，我把房间钥匙掉沙发下面了。

　★ 说话人希望哥哥帮他：
　　A 关门　　　　　　　　　　B 抬沙发
　　C 租房子　　　　　　　　　D 打扫卫生

71. 他父亲是音乐老师，从小他就跟着父亲学习弹钢琴。在父亲的严格要求下，他十年如一日地坚持练习，最终成为了一名优秀的钢琴家，并多次获得国际大奖。

　★ 关于他，可以知道：
　　A 很诚实　　　　　　　　　B 降低了要求
　　C 受母亲影响大　　　　　　D 钢琴弹得很棒

C 68. 问题中的关键信息是"张医生旅行",题干中"不管走到哪里,他都会带着照相机"和"C总带着相机"意思是一致的,所以答案是C。

B 69. 问题中的关键信息是"使用信用卡",结合语境,"无需带很多现金……也减少了找零钱的麻烦"和"B更方便"的意思是一样的,所以答案是B。

"**刷信用卡**"的意思就是使用信用卡。

B 70. 问题中的关键信息是"说话人希望",题干中的"你和我抬一下沙发"和"B抬沙发"的意思是一样的,所以答案是B。

D 71. 问题中的关键信息是"他成为了钢琴家",题干中"他……最终成为了一名优秀的钢琴家,并多次获得国际大奖",可以推断"他"的钢琴弹得很棒,所以答案是D。

72. 爷爷和奶奶结婚50多年了，虽然生活中没有太多的浪漫，但这么多年来他们共同经历了很多风风雨雨，感情非常深。

    ★ 爷爷和奶奶：

    A 爱热闹　　　　　　　　B 很浪漫
    C 感情很好　　　　　　　D 从来没烦恼

73. 许多卖书的网站都提供试读服务，顾客在购买前可先在网页上阅读一部分，对书的内容有一个大概的了解后，再决定是否购买。

    ★ 那些卖书的网站允许顾客：

    A 货到付款　　　　　　　B 以旧换新
    C 先试读后买　　　　　　D 打印电子图书

74. 为了翻译好这篇文章，他看了很多材料，还和同事讨论了好几天，下了很大的功夫。

    ★ 他下了很大功夫干什么？

    A 解释误会　　　　　　　B 整理材料
    C 联系同事　　　　　　　D 翻译文章

75. 有一种植物非常奇怪，它可以发出声音，白天能"笑"，晚上会"哭"。植物学家经过研究发现，它之所以会这样，很可能是受到了阳光的影响。

    ★ "这样"指的是那种植物：

    A 会跳舞　　　　　　　　B 能发出声音
    C 会污染环境　　　　　　D 不喜欢阳光

C **72.** 问题中的关键信息是"爷爷奶奶的感情",题干中"感情非常深"和"C 感情很好"的意思是一样的,所以答案是C。

C **73.** 问题中的关键信息是"卖书的网站",题干中的"顾客在购买前可先在网页上阅读一部分……再决定是否购买",和"C先试读后买"的意思是一样的,所以答案是C。

D **74.** 问题中的关键信息是"他下了很大功夫",题干中"他看了很多材料","还和同事讨论了好几天","他"做这些事是为了翻译好这篇文章,所以选D。

B **75.** 问题中的关键信息是"这种植物非常奇怪","这样"通常指代前面提到的内容,本题中即指代"这种植物"的奇怪之处——"它可以发出声音",和"B能发出声音"的意思一样,其他选项文中没提到,所以选B。

76. 玩儿这个游戏关键是速度要快，如果后面那只狗跑到了你前面，那你就输了，游戏也就结束了。

★ 要想在游戏中赢，就要：
A 动作好看　　　　　　　　B 跑在狗前面
C 抱着狗跑步　　　　　　　D 多同情别人

77. 生气时不要马上发脾气，最好等24小时。因为24小时后，原来让你生气的事情往往就变得没那么重要了，甚至有时还会觉得别人是对的。很多时候，"等一等"会使你想得更清楚，做事更冷静。

★ "等24小时"是为了让自己：
A 冷静下来　　　　　　　　B 别太伤心
C 做事更准时　　　　　　　D 不那么紧张

78. 第一次听中国朋友说"肚子里有货"时，我以为它的意思是肚子难受。后来查了词典，才知道这句话是指人的知识很丰富。

★ "肚子里有货"是说一个人：
A 很胖　　　　　　　　　　B 很有知识
C 会讲笑话　　　　　　　　D 肚子饿了

79. 给别人提意见时一定要注意方法。如果你的态度不好，说话也比较难听，那么即使你提的意见十分正确，别人也很难接受。

★ 给别人提意见时：
A 要直接　　　　　　　　　B 方法很重要
C 语言要幽默　　　　　　　D 信息要详细

B 76. 问题中的关键信息是"在游戏中赢",由题干中"如果后面那只狗跑到了你前面,那你就输了",可以推断出,如果要想在游戏中赢,应该跑在狗的前面,所以答案是B。

A 77. 问题中的关键信息是"等24小时",题干中是"因为24小时后,原来让你生气的事情往往就变得没那么重要了……'等一等'会使你想得更清楚,做事更冷静",这和"A冷静下来"的意思是一样的,所以答案是A。

B 78. 问题中的关键信息是"肚子里有货",题干中解释此句的意思为"知识很丰富",和"B很有知识"意思一样,所以答案是B。

B 79. 问题中的关键信息是"给别人提意见",题干中"给别人提意见时一定要注意方法",后面说到"如果你的态度不好……那么即使你提的意见十分正确,别人也很难接受",也是在解释提意见的方法,因此,"方法很重要",所以答案是B。

80—81.

广东人无论男女老少，都喜欢去茶楼坐坐。早上起床后，约上一两个好友，要几杯茶，点几样小吃，边吃边聊。尤其是老年人，不用上班，早上锻炼完，去茶楼喝个早茶，坐到10点钟，然后到街上走走，买点儿菜、肉什么的再回家。现在，这种早茶文化也慢慢地在中国其他地方流行起来。

★ 喝完茶后，老人会去：

A 上班　　　　　　　　B 吃早餐
C 街上逛逛　　　　　　D 锻炼身体

★ 这段话主要谈的是：

A 茶的作用　　　　　　B 茶楼特点
C 广东人的性格　　　　D 广东的早茶文化

82—83.

以前报纸不是送到每家门前的，而是要去一个专门的地方取，很麻烦。一个小男孩儿去取报纸时，想出了一个主意。他敲响了邻居家的门，对邻居说："每月只要付我一点儿钱，我就会把报纸放在你家门前。"很快，他就有了几十个顾客。一个月后，他拿到了自己的第一笔收入。

★ 小男孩儿说他会把报纸送到哪儿？

A 房东家　　　　　　　B 学校门口
C 邻居家门前　　　　　D 公共信箱里

★ 小男孩儿通过送报纸：

A 赚到了钱　　　　　　B 得到了表扬
C 提高了成绩　　　　　D 交到了朋友

C 80. 问题中的关键信息是"广东的早茶文化",题干中"到街上走走",和"C 去街上逛逛"意思是一样的,选C。

D 81. 题干中说"广东人无论男女老少,都喜欢去茶楼坐坐",说明喝早茶在广东非常流行,最后一句提到"这种早茶文化",即前面说到的广东人的习惯,因此整段话的主要内容就是广东的早茶文化,所以D符合题意。

C 82. 问题中的关键信息是"小男孩送报纸的故事",题干中小男孩儿对邻居说"我就会把报纸放在你家门前",和C"邻居家门前"的意思是一样的。

A 83. 题干中"一个月后,他拿到了自己的第一笔收入",和"A 赚到了钱"意思是一样的。

84—85.

在地铁或公共汽车上，总有很多人低着头玩手机，这些人就是人们口中的"低头族"。有研究指出，长时间低头用手机发短信或上网容易引起头疼或眼酸，比看书要累得多。另外，一直低头玩手机而不与身边的人交流，也会使人与人之间的关系越来越远。因此有网友开玩笑说："世界上最远的距离是我站在你面前，而你却在玩手机。"

★ 作者对"低头族"的态度最可能是：
A 反对　　　　　　　　B 鼓励
C 怀疑　　　　　　　　D 不关心

★ 网友那句话说明总是低头玩手机会：
A 使人变懒　　　　　　B 让人变笨
C 对身体不好　　　　　D 影响人们的关系

A **84.** 问题的关键信息是"低头族",题干中容易"头疼或眼酸,比看书要累得多……也会使人与人之间的关系越来越远",表达出了一种反对的态度,所以选择A。

D **85.** "也会使人与人之间的关系越来越远"以及网友的玩笑"世界上最远的距离"都表现出了人与人关系变得不好,和"D影响人们的关系"意思是一样的。

三、书写

第一部分

第 86—95 题：完成句子。

86. 比原来的　　新　　好用　　传真机

新传真机比原来的好用。

根据"比原来的"推断此句是一个比较句，由"原来"和"新"可知是新旧的对比，"新"是形容词，在名词"传真机"的前面。"好用"是比较的结果。

87. 一家超市　　对面将来　　开　　要

对面将来要开一家超市。

"开"是动词，"一家超市"是名词性的短语，结合"对面将来"，可以推出句子的主干是"对面将来开一家超市"，"要"是能愿动词，在动词"开"的前面。

88. 我对　　很有　　明天的　　表演　　信心

我对明天的表演很有信心。

"我对"常用在句首，"我对……很有信心"也是常用搭配，中间加上宾语，应当是"表演"，"明天的"作"表演"的定语。

89. 把毛巾　　不要　　在那里　　挂

不要把毛巾挂在那里。

由"把毛巾"可以推断此句应该是一个"把"字句，"挂"是动词，应放在"把"字句中名词"毛巾"后，"在那里"是动词"挂"的结果，因此是"把毛巾挂在那里"，"不要"表示禁止、不同意，"把"字句的否定应放在"把"的前面。

90. 电脑　　第一台　　出现在上世纪中期　　世界上

世界上第一台电脑出现在上世纪中期。

名词"电脑"是句子的主语,"出现在……"应该是句子的谓语,因此,句子的主干是"电脑出现在上世纪中期","台"是"电脑"的量词,因此是"第一台电脑","世界上"是方位短语,在这里是"第一"的范围,即"世界上第一台"。

91. 用得　准确　不　这个词语

这个词语用得不准确。

从词性可以推出句子的主语是"这个词语",进而推断句子的主干是"这个词语用得……",否定副词"不"在形容词"准确"前面,即"不准确",另外"用得不准确"是程度补语。

92. 许多人　他们的　感动了　爱情故事

他们的爱情故事感动了许多人。

从词性看,名词性成分"许多人"和"爱情故事"可以分别作句子的主语和宾语,动词"感动了"是句子中的谓语,可以推断句子的主干是"爱情故事感动了许多人","他们的"可以作"爱情故事"的定语,即"他们的爱情故事"。

93. 她可以　讲　流利地　语言　三种

她可以流利地讲三种语言。

唯一的动词"讲"可能是句子的谓语,结合"她可以"和"语言",可以推断句子的主干是"她可以讲语言","三种"是"语言"的数量词,即"三种语言","流利地"可以作为状语放在动词"讲"之前,即"流利地讲"。

94. 会议室是　负责安排　的　由我

会议室是由我负责安排的。

句子的主干是"会议室是……的",固定结构"由某人安排",即"由我负责安排"。

95. 去厨房拿　能　帮我　一把勺子　吗

能帮我去厨房拿一把勺子吗?

"去厨房拿"是一个连动结构,语气词"吗"放在句尾,可以推断此句是在表示请求,结合所给词语,可知句子为"能……去厨房拿……吗","帮我"表示请求放在"能"之后、动作之前,"拿"的对象是"一把勺子"。"拿"和"去厨房"两个动作构成连动式,注意顺序。

第二部分

第96—100题:看图,用词造句。

96. 窗户

参考答案:**她打开了家里的窗户。**

给出的词语"窗户"是名词,看图片扩展出动词"打开窗户"。

97. 脱

参考答案:**她正在脱鞋。**

给出的词语"脱"是动词,看图片扩展出名词搭配"脱鞋"。

98. 激动

参考答案：她很激动。

终于毕业了，她非常激动。

给出的词语"激动"是形容词，看图片可以直接扩展出简单的一句话"她很激动。"也可以利用图片上的信息给出更好的答案：终于毕业了，她非常激动。

99. 规定

参考答案：按照规定，这里不能吸烟（抽烟）。

这里规定不能吸烟（抽烟）。

"规定"既可以是名词，也可以是动词，图片是"不能吸烟（抽烟）"的标志。

100. 受不了

参考答案：我累得受不了了，等会儿再走吧。

"受不了"是动词，看图片扩展出"累"，由此可推出动词搭配"累得受不了"。

HSK（四级）真题试卷解析（二）

一、听力

第一部分

第1—10题：判断对错。

1. 他想去打网球。

   外面天气非常暖和，空气也新鲜，不出去实在太可惜了。别在家玩儿游戏了，我们去楼下打羽毛球吧。

2. 方方是作家。

   大家早上好，这次节目我们邀请到了著名作家方方。方方老师，您先跟观众朋友们打个招呼吧。

3. 去那儿旅游的人比以前多了。

   导游小张告诉我们，最近几年，由于交通越来越方便，来这儿旅游的人越来越多，这里的经济也慢慢发展起来了。

4. 他们现在在公园入口处。

   先生，您误会了，我不是说您的票有问题，而是说这里是森林公园的出口，您不能从这儿进去。入口在前面，您一直往前走就看到了。

HSK（四级）真题试卷解析（二）

❌ 1. 题干中的关键词是"打网球"，但是录音中是"打羽毛球"。

✓ 2. 题干中的关键词"方方是作家"与录音中"作家方方"的意思是一样的。

✓ 3. 录音中提到"旅游的人越来越多"，说明现在的人比以前多，和题干相同。注意，录音中的"这儿"即问题中的"那儿"。

❌ 4. "现在在……入口处"是关键词，听到"这里是……出口"，就能判断出是错的。

117

5. 纸上写的是电话号码。 🎧 周帅家的详细地址我写在这张纸上了，他每天晚上大约七点到家，你去之前最好先给他打个电话。

6. 那本书与少数民族有关。 🎧 作者写这本书的目的，是想让更多的人了解这个少数民族的历史和生活习惯，尊重他们的民族文化。

7. 他的签证还没办好。 🎧 这次出差本来应该我去的，但我的签证出了点儿问题，大使馆那边说要下个星期才能下来，所以只好让小马去了。

8. 他建议乘坐地铁。 🎧 刚刚听广播说，双桥东路由北向南方向堵车比较严重，估计要一个多小时才能正常。我们今天坐地铁去吧，别迟到了。

9. 左边箱子特别重。 🎧 小蓝，你搬左边那个箱子吧，那里面放的是一些毛巾什么的，比较轻。这个箱子里都是书，特别重，我来搬。

10. 孩子受父母的影响较小。 🎧 家是孩子的第一个学校，父母的教育影响甚至决定着孩子的一生。真正合格的父母应该懂得怎样教育孩子。

✗ 5. 从录音中"详细地址我写在这张纸上了,"可以知道纸上写的是地址不是电话号码。

✓ 6. 录音中听到"写这本书……是想让更多人了解这个少数民族",可以知道书的内容"与少数民族有关"。

✓ 7. 看到"签证还没办好",听到的是"签证出了点儿问题"就可以判断是对的,后边又听到"下个星期才能下来",可以进一步确定"签证没办好"。这里"下来"的意思是"办好"。

✓ 8. 题干中的关键词"建议乘坐地铁"与录音中听到的"我们今天坐地铁去吧"是一样的。

✗ 9. 题干中的关键词"左边……重",在录音中听到"你搬左边那个……比较轻"就可以判断出是错的。

✗ 10. 从录音中听到的"决定孩子的一生"、可以推断出"孩子受父母的影响非常大",所以题干的句子是错的。

119

第二部分

第 11—25 题：请选出正确答案。

11. A 厨房大
    B 离公司近
    C 能看见海
    D 周围很安静

    男：你觉得这个房子怎么样？喜欢吗？
    女：喜欢，一出门就能看见大海，太棒了！
    问：女的为什么喜欢那个房子？

12. A 房东
    B 爷爷
    C 李教授
    D 刘经理

    女：这些葡萄真甜，在哪儿买的？
    男：房东谢叔叔送的，说是从老家带来的，让我们尝尝。
    问：葡萄是谁给的？

13. A 法律
    B 语法
    C 管理
    D 互联网

    男：你女儿大学报的什么专业？
    女：管理。她从小就对这方面比较感兴趣。
    问：她女儿对哪方面感兴趣？

14. A 很凉快
    B 太累了
    C 后悔没去
    D 公园人很多

    女：上个礼拜天我去香山公园爬山，那儿到处都是人。
    男：现在正是香山红叶最漂亮的时候，人当然多了。
    问：女的主要是什么意思？

15. A 厕所
    B 存包处
    C 体育馆
    D 电影院

    男：请问，你们游泳馆存包的地方在哪儿？
    女：对面那个房间就是。
    问：男的在找什么？

C 11. 选项中看到的"能看见海"与录音中听到的"能看见大海"是一样的。

A 12. 选项中的人"房东"是录音中直接提到的信息。

C 13. 在录音"她……对这方面……感兴趣"中,"这方面"指的就是"管理专业","C 管理"正确。

D 14. 录音中听到"到处都是人"意思就是"人很多"。男的也说去香山公园的人"当然多了"。

B 15. 选项中"B 存包处"与录音中听到的"存包的地方"是一样的。

16. A 汤苦
    B 很热
    C 菜太咸
    D 刚踢完球

女：你怎么这么渴？一瓶矿泉水一下子就喝完了。
男：中午的菜又咸又辣，喝了这么多我还觉得口渴呢。
问：男的为什么喝那么多水？

17. A 洗澡
    B 脱鞋
    C 扔垃圾
    D 寄衣服

男：那个塑料袋里是什么东西？
女：都是儿子冬天的衣服，我一会儿给他寄过去。
问：女的一会儿要做什么？

18. A 邮局
    B 医院
    C 警察局
    D 图书馆

女：大夫，我妈妈怎么样了？我们能进去看看她吗？
男：没有生命危险了。但病人现在需要休息，你们最好别打扰她。
问：对话最可能发生在哪儿？

19. A 先租一台
    B 两个人抬
    C 问售货员
    D 看说明书

男：这两台空调看起来很像，可价格怎么差这么多？
女：我也看不出区别来，问问售货员吧。
问：女的建议怎么做？

20. A 丢了地图
    B 错过航班了
    C 忘记付款了
    D 掉了登机牌

女：先生，这是你的登机牌吗？刚才掉地上了。
男：是的，谢谢你。还好被你看到了，丢了就麻烦了。
问：男的刚才怎么了？

C 16. 听录音时要注意的信息是4个选项中的关键词"苦、热、咸"和"汤、菜、球"。从录音中听到"中午的菜又咸又辣",所以可以确定男的喝了很多水的原因是"C菜太咸"。

D 17. 看选项可以预测问题是"做什么",这样听录音时就很容易理解对话的主要内容:女的一会儿要去给儿子寄冬天的衣服。

B 18. 看选项可以预测问题是"在哪儿",听到"大夫、病人"可以推断出答案是B。

C 19. "C问售货员"可以从录音中直接听到。

D 20. "D掉了登机牌"与录音中听到的"登机牌……掉地上了"是一样的。

21.
A 来得及
B 表示关心
C 没时间填
D 污染厉害

男：小姐，能麻烦您帮我填一张调查表吗？是关于环境污染的。
女：对不起，我上班要来不及了。
问：女的主要是什么意思？

22.
A 饱了
B 在等人
C 要继续加班
D 要参加聚会

女：你怎么还在这儿？没收到下午聚会的短信吗？
男：收到了，我刚忙完，正准备收拾一下就出发。
问：关于男的，下列哪个选项正确？

23.
A 植物
B 镜子
C 家具
D 照相机

男：我们还剩什么没买？
女：家具都差不多了。对了，咱们再去买些绿色植物放客厅里吧？
问：女的建议买什么？

24.
A 很努力
B 脾气好
C 很聪明
D 最有能力

女：在这些应聘者中，王丽并不是最优秀的，您为什么选择她呢？
男：尽管她不是最有能力的，但她性格活泼，脾气也好，很适合做服务工作。
问：男的觉得王丽怎么样？

25.
A 女的很困
B 窗户破了
C 男的还没醒
D 男的想请假

男：你脸色看起来很差，昨天没睡好？
女：是啊。昨晚刮大风，我起来关窗户，后来就再也睡不着了。真困！
问：根据对话，下列哪个选项正确？

C 21. 录音中听到"来不及",意思就是"没时间做",所以选择C。也可以利用录音中"我上班……"推断出答案。

D 22. 看选项可以预测出问题是"做什么"。可以从录音中听到的"聚会、正准备……出发"推断出,男的正准备一会儿就出发参加聚会。

A 23. 选项中都是名词,所以在听录音时应注意听物品,在录音中可以听到的重要信息是"家具差不多了……再买些绿色植物……",所以女的建议去买植物。

B 24. 男的觉得王丽性格活泼、脾气好,适合做服务工作,所以选择了王丽。"**脾气**"指的是性格,对人、对事的态度。

A 25. "A女的很困"和录音中"真困"是一样的。

第三部分

第 26—45 题：请选出正确答案。

26. A 做作业
    B 找宾馆
    C 修理电脑
    D 整理东西

女：做什么呢？我看你对着电脑敲了一上午。
男：寒假我打算去大理旅行，想提前找好宾馆。
女：我知道一家环境很不错的宾馆。
男：太好了，我已经找得没耐心了。
问：男的在干什么？

27. A 餐厅
    B 超市
    C 办公室
    D 高速公路上

男：喂，你在办公室吗？
女：在，怎么了？
男：我在网上买的小说到了，你帮我取一下。
女：好的，付过钱了吗？
男：没有，好像是一百，你先帮我付了吧。
问：女的现在在哪儿？

28. A 竞争大
    B 没复习
    C 担心迷路
    D 到她表演了

女：现在是第几个节目？是不是快到我表演了？
男：对，下一个就是你。
女：怎么办？我有点儿紧张。
男：别担心，你已经练习那么多遍了，一定可以的。
问：女的为什么会紧张？

B 26. 看选项、听录音中的第一句话就可以预测出问题是"做什么",注意听男的的回答可以知道男的打算去旅行,提前用电脑上网找宾馆就可以确定答案是"B 找宾馆"。

C 27. 看选项后听录音的第一句话"你在办公室吗?"就能根据回答"在"确定选项C是对的。我们还可以整体理解这段对话的大意是:男的网购的小说到了,请办公室的女同事帮他去取,并且帮他先付买小说的100元钱。

D 28. 从录音的第一个话轮"是不是快到我表演了?对,下一个就是你。"可以知道女的紧张的原因是"D到她表演了"。

29. A 今天下午
　　B 明天中午
　　C 下礼拜
　　D 月底

男：你能帮我把这篇文章翻译成中文吗？
女：没问题，你什么时候要？
男：下班前能给我吗？
女：恐怕不行，我下午要开会，明天中午给你怎么样？
男：可以。
问：男的什么时候能拿到翻译好的文章？

30. A 律师
　　B 小李
　　C 孙子
　　D 校长

女：小李周日有其他事，你负责去火车站接那几位律师吧。
男：好。他们大概几点到北京？
女：详细情况我也不太清楚，你得问问小李。
男：好的。
问：男的要去接谁？

31. A 有奖金
　　B 很成功
　　C 在网上报名
　　D 只许女性参加

男：这次活动对报名者有什么要求吗？比如年龄、性别什么的。
女：没有，任何人都可以参加。
男：那怎么报名呢？
女：直接在网上报名，我们有专门的网站。
问：关于这次活动，可以知道什么？

B 29. 看选项后关注时间，可以听到女的说"下午要开会，明天中午可以给你。"

A 30. 看选项后关注录音中提到的人，第一句话就提到要接的是律师，因为小李周日有事，所以让男的去接。

C 31. 从录音中听到"直接在网上报名"和C选项的内容一样。听到"任何人都可以参加"可以排除D，而A、B都是录音中没有提到的。

32. A 饿了
    B 腿疼
    C 很激动
    D 耳朵难受

女：你是第一次坐飞机？
男：对，刚才起飞时感觉耳朵特别难受。
女：没事，这很正常。你吃块儿糖吧，会舒服点儿。
男：谢谢。
问：男的感觉怎么样？

33. A 道歉
    B 祝贺女的
    C 想推迟约会
    D 钥匙不见了

男：喂，你的手机怎么一直占线？
女：刚跟我哥聊天呢。怎么了？
男：我的钥匙找不到了，你看沙发上有没有？
女：在沙发上呢，我打扫房间时看见了。
问：男的为什么给女的打电话？

34. A 还书
    B 借笔记
    C 爬长城
    D 去唱歌

女：你看见张明了吗？
男：刚才在图书馆见过他。你找他有事？
女：到学期末了，我想借他的国际法笔记复印一下。
男：我已经复印了，你拿我的吧。
问：女的找张明做什么？

D **32.** 从录音的第一个话轮可以听到，男的第一次坐飞机，起飞时感觉耳朵难受。和D的内容一样。

D **33.** 录音中"我的钥匙找不到了"和"D钥匙不见了"是一样的。

B **34.** 从录音中听到"我想借他的……笔记复印一下"，可以得到"B借笔记"。

35. A 是演员
    B 爱喝果汁
    C 会唱京剧
    D 爱好音乐

🎧 男：小王的妹妹是演员，你知道吗？
女：是吗？叫什么名字？
男：不是很有名，不过最近那个比较火的果汁广告就是她演的。
女：原来是她呀，长得挺漂亮的。
问：关于小王的妹妹，下列哪个选项正确？

36. A 篮球很贵
    B 想要个篮球
    C 打球能赚钱
    D 想举办比赛

37. A 很吃惊
    B 很愉快
    C 很失望
    D 很伤心

🎧 第36到37题是根据下面一段话：
父亲正和五岁的儿子一起看篮球比赛，突然，儿子问道："爸爸，篮球肯定很贵，是吗？"父亲吃惊地问："你怎么会这样想呢？"儿子说："他们都非常想要那个球，要是不贵，为什么不每人买一个呢？"

36. 看比赛时，儿子是怎么想的？
37. 父亲听到儿子的问题后，觉得怎么样？

38. A 减肥
    B 儿童肥胖
    C 随便生气
    D 孩子不吃早饭

39. A 存零钱
    B 学习知识
    C 了解社会
    D 养成好习惯

🎧 第38到39题是根据下面一段话：
随着生活水平的提高，儿童肥胖问题越来越严重。研究证明，儿童肥胖与他们不吃早饭、不爱锻炼、长时间看电视等坏习惯有很大关系。因此，家长一定要让孩子养成健康的生活习惯。

38. 什么问题越来越严重？
39. 家长应在哪方面帮助孩子？

A **35.** 从录音的第一句话"小王的妹妹是演员"可以知道答案是A。

A **36.** 录音中儿子说"篮球肯定很贵"和"A篮球很贵"相同。

A **37.** "父亲吃惊地问"直接陈述了父亲"很吃惊"。儿子的解释与我们平时的理解不同，也可以推测出父亲会很吃惊。

B **38.** 录音中的第一句话和最后一句话就是解题需要的重要信息。B和录音中的"儿童肥胖问题越来越严重"是一样的。

D **39.** 这段话最后的结论"家长一定要让孩子养成健康的生活习惯"和"B 养成好习惯"一样。

40. A 弹不好
    B 怕花钱
    C 练琴很辛苦
    D 老师太严格

41. A 获奖后
    B 留学后
    C 换老师后
    D 受到重视后

第40到41题是根据下面一段话：

书房里的钢琴总会使我回忆起儿时学琴的事。记得刚开始我学得特别慢，总是弹不好，好几次都想放弃，是老师的鼓励让我坚持了下来。后来在一次钢琴比赛中，我竟然获得了第三名。从那时起，我才真正喜欢上了弹琴。

40. 说话人一开始为什么想放弃？

41. 说话人从什么时候起真正喜欢上了弹琴？

42. A 在郊区
    B 平时人少
    C 非常干净
    D 没咖啡馆

43. A 多喝茶
    B 少逛街
    C 重新考虑
    D 穿正式些

第42到43题是根据下面一段话：

姐，你怎么会想在这里开咖啡馆儿呢？首先，这条街上已经有一家咖啡馆了；其次，这条街可逛的地方少，平时人也不多。我觉得生意不会太好。你再仔细考虑一下吧。

42. 关于这条街，可以知道什么？

43. 说话人建议姐姐怎么做？

44. A 购物
    B 运动
    C 旅游
    D 讲笑话

第44到45题是根据下面一段话：

有压力时，你会怎么办？我的方法是运动。当工作任务重或者遇到不开心的事时，我就会去跑步或打乒乓球。每次运动完，我都觉得

A **40.** 录音中第二句话提到开始"总是弹不好",和A相同。

A **41.** 后来"竟然获得了第三名",即获奖了,"才真正喜欢上了弹琴",因此选择A。

B **42.** 录音中提到"已经有一家咖啡馆了",可以排除D"……平时人也不多",和"B平时人少"是一样的,A、C没提到,选B。

C **43.** 最后一句"你再仔细考虑一下吧"和"C重新考虑"是一样的。

B **44.** 录音中提到"我的方法是运动",所以答案是B。

45. A 美景
    B 阳光
    C 美梦
    D 汗水

特别轻松，好像汗水把烦恼全带走了，心情也好了很多。

44. 有压力时，说话人会怎么做？

45. 说话人觉得什么能把烦恼都带走？

二、阅读

第一部分

第46—50题：选词填空。

A 既然　　B 封　　C 地球　　D 坚持　　E 引起　　F 猜

例如：她每天都（D）走路上下班，所以身体一直很不错。

46. 一般认为，（　）上最早的生命来自海洋。

47. 调查结果出来了，这次大火是9层的人抽烟（　）的。

48. （　）大家都想去那儿参观，那我们这周末就去吧。

49. 奶奶，我（　）不出来。您告诉我答案吧，到底是什么动物？

50. 通知已经发出去至少半个月了，但到现在一（　）回信都没收到。

D 45. 最后一句话"好像汗水把烦恼全带走了,心情也好了很多"即D。

(1) 边看词语边联想:
　　A 既然:既然下雨了,就别出去了、既然累了,就好好休息;"既然……就……"是一对表示因果关系的固定搭配
　　B 封:一封信、一封邮件;
　　C 地球:地球人、地球上;
　　E 引起:引起注意、引起争吵;后面一般是结果。
　　F 猜:猜一猜、猜对了、很难猜。

(2) 读句子。根据词性、固定搭配、句意和上下文语境来找出正确答案,可先看容易的句子,快速确定答案,再分析较难的句子。

C 46. 根据语境,"最早的生命来自海洋",而海洋和陆地都是"地球"的一部分。"……上"表示方位。

E 47. 是强调句,强调大火的原因,根据语境,可以推断"9层的人抽烟"是调查出的原因,"是……(原因)引起的"是固定搭配。

A 48. 理解句子的大意,"既然大家都想去那儿参观"是"那我们这周末就去吧"的原因,"既然……就……"也是一对表示因果关系的固定搭配。

F 49. "不出来"的前面需要一个动词,根据"您告诉我答案吧"也可推测说话的人是"猜不出来"。

B 50. "信"的量词应该是"封"。

第51—55题：选词填空。

A 麻烦   B 提供   C 温度   D 座位   E 以为   F 脏

例如：A：今天真冷啊，好像白天最高（ C ）才2℃。

B：刚才电视里说明天更冷。

51. A：这是什么味道？真香啊！

B：我们买的花开了，我还（　）要再过几天呢。

52. A：我们来得太晚了，教室前面都坐满了。

B：没关系，后面还有空（　），我们坐后面吧。

53. A：画儿挂得好好的，拿下来干什么？

B：有点儿（　）了，我拿下来擦一擦。

54. A：师傅，（　）您在这儿停一下车，我去取个东西，马上回来。

B：小姐，这里不能停车，我再往前开一点儿吧。

55. A：请（　）一下你的银行卡信息，以后工资就打到你卡里。

B：好的，哪个银行的都可以吗？

(1) **边看词语边联想：**

A 麻烦：很麻烦、麻烦您了；

B 提供：提供早饭、提供服务、提供信息；

D 座位：很多座位、我的座位、座位空了；

E 以为：我以为、以为什么、以为你走了；

F 脏：很脏、脏衣服、桌子脏了。

(2) **读句子，** 根据词性、固定搭配、句意和上下文语境来找出正确答案，可先看容易的句子，快速确定答案，再分析较难的句子。

E 51. 根据语境，既然"我们买的花开了"，"还要再过几天呢"应该只是"我以为"。

D 52. 根据语境，"教室前面都坐满了"，但说话人认为"没关系……我们坐后面吧"，可见后面还有"空座位"。

F 53. "画儿挂得好好的"，却要"拿下来擦一擦"，当然是"有点儿脏了"，"有点儿"可以是形容词，表示消极的意义。

A 54. 说话人A的语气比较客气、礼貌，称呼对方"师傅""您"，希望对方"在这儿停一下车"，对别人有所要求的语境下，我们一般说"麻烦您……"。

B 55. 理解句子的大意，说话人之一希望对方给出"银行卡信息"，以便把工资打到卡里，"一下"的前面一般是动词，因此是"提供一下你的银行卡信息"。

第二部分

第56—65题：排列顺序。

56. A 让交谈变得轻松，给人留下好印象
    B 一个有幽默感的人
    C 总能发现事情有趣的一面

57. A 画家回答说，画画儿不仅仅是他的职业
    B 当记者问那位画家画画儿对他有多重要时
    C 更是他的生命

58. A 这个学生平时唱得确实不错
    B 可惜他前几天感冒了，一直没好
    C 才使得他今天的演出效果不太好

59. A 先生，您这趟航班最多允许带10公斤行李登机
    B 已经远远超出了我们的规定
    C 可是您的行李有20公斤

BCA 56. A、C两句缺少主语，B句"一个有幽默感的人"交代了陈述对象，可以作主语，因此B句是第一项；"A让交谈变得轻松，给人留下好印象"是对"C总能发现事情有趣的一面"的进一步说明，所以可以排列出的顺序是C、A。
一个有幽默感的人，总能发现事情有趣的一面，让交谈变得轻松，给人留下好印象。

BAC 57. A中的"不仅仅"和C中"更"构成了递进关系，所以可以排列出的顺序是A、C，A句"画家回答说……"又承接了B句"当记者问……"，因此B句是第一项。
当记者问那位画家画画儿对他有多重要时，画家回答说，画画儿不仅仅是他的职业，更是他的生命。

ABC 58. B、C两句中的"他"指代的是A句中的"这个学生"，A句又是完整的一句话，说明了陈述对象，因此是第一项。C句中的"才"前应该有上半句，结合语境，B中的"感冒了，一直没好"是C句中"演出效果不太好"的原因，所以可以排列出的顺序是B、C。
这个学生平时唱得确实不错，可惜他前几天感冒了，一直没好，才使得他今天的演出效果不太好。

ACB 59. C中的"您"指代的是A句中的"先生"，"可是"又和A句构成了转折关系，所以可以排列出的顺序是A、C，结合语境，"B已经远远超出了我们的规定"指的是C句中的"行李有20公斤"，可知B句在C句的后面。
先生，您这趟航班最多允许带10公斤行李登机，可是您的行李有20公斤，已经远远超出了我们的规定。

60. A 但很多人看后仍然深受感动
　　　B 尽管距离现在已有100多年了
　　　C 这个爱情故事发生在19世纪末

61. A 否则永远也学不好
　　　B 都要常练习，并且敢于开口与人说
　　　C 无论学习哪一国的语言

62. A 弟弟在几千公里外的城市读硕士
　　　B 因此，我们俩平时交流和联系多是在网上进行
　　　C 经常半年才回家一次

63. A 我和同事们一方面了解了公司今年的发展情况
　　　B 通过这次会议
　　　C 另一方面也清楚了明年的发展方向

CBA 60. A、B两句缺少陈述对象，C中的"这个爱情故事"就是A句中"看后仍然深受感动"和B中"距离现在已有100多年"的陈述对象，C句又是完整的一句话，所以是第一项。B中的"尽管"和A句中的"但"构成了转折关系，所以可以排列出的顺序是B、A。

这个爱情故事发生在19世纪末，尽管距离现在已有100多年了，但很多人看后仍然深受感动。

CBA 61. C中的"无论"和B中的"都"构成了条件关系，所以可以排列出的顺序是CB；根据语境，A中的"否则"指的是如果不像B句中说的"常练习，并且敢于开口与人说"，那么"永远也学不好"，因此A句应该在B句的后面。

无论学习哪一国的语言，都要常练习，并且敢于开口与人说，否则永远也学不好。

ACB 62. A句有主语，是完整的句子，B中"我们"要指代前句，C缺主语，所以A句是第一项。B句中的"因此"表示"因为某种原因"，前面应该有别的句子，结合语境，"C经常半年才回家一次"是B中"我们俩平时交流和联系多是在网上进行"的原因，所以可以排列出的顺序是C、B。

弟弟在几千公里外的城市读硕士，经常半年才回家一次，因此，我们俩平时交流和联系多是在网上进行。

BAC 63. A中的"一方面"和C中"另一方面"构成了并列关系，可以排列出的顺序是AC；根据语境，B中"通过"引出的是方式和手段，应该是第一项。

通过这次会议，我和同事们一方面了解了公司今年的发展情况，另一方面也清楚了明年的发展方向。

64. A 他们可能前一秒还互相不认识

B 但不一会儿就能玩儿到一起，并成为很好的朋友

C 孩子们的友谊往往来得很快

65. A 欢迎各位到时候前来用餐

B 顾客朋友们，为感谢大家这6年来对我店的支持

C 我店将于2月14号推出"全场酒水免费"活动

第三部分

第 66—85 题：请选出正确答案。

66. 在汉语中，"九牛二虎之力"的字面意思是9头牛和两只老虎的力气加在一起，实际上指的是力气非常大。

★ "九牛二虎之力"的意思是：

A 缺点多　　　　　　　　B 老虎少

C 遇到了困难　　　　　　D 力气十分大

67. 大家千万不能着急，我们现在只是暂时输了7分。距离比赛结束还有20多分钟呢，我们是完全有机会转败为赢的，大家加油！

★ 说话人希望大家：

A 别得意　　　　　　　　B 冷静一些

C 加快速度　　　　　　　D 提前预习

CAB 64. A中"他们"指代的是C中"孩子们",B包含连词"但",一般在后面,所以C是第一句;"B但不一会儿就能玩儿到一起,并成为很好的朋友"在意思上和A句"他们可能前一秒还互相不认识"构成了转折关系,可推断出顺序是A、B。

孩子们的友谊往往来得很快,他们可能前一秒还互相不认识,但不一会儿就能玩儿到一起,并成为很好的朋友。

BCA 65. A中"到时候"指代一个时间点,应是C中的"2月14号",所以可以排列出的顺序是C、A。B句中的"为感谢大家这6年来对我店的支持"表示目的,应放在一段话的第一句或最后一句,结合语境和句中"顾客朋友们",可以推断出是第一句。

顾客朋友们,为感谢大家这6年来对我店的支持,我店将于2月14号推出"全场酒水免费"活动,欢迎各位到时候前来用餐。

D 66. 问题中的关键信息是"九牛二虎之力",题干中的"实际上指的是力气非常大"和"D力气十分大"的意思是一样的,所以答案是D。

B 67. 问题中的关键信息是"说话人希望",题干中的"大家千万不能着急"和"B冷静一些"的意思相近,所以答案是B。

68. 暑假我和同学去了一趟青岛，正好赶上那边在举行啤酒节，可热闹了。尤其是到了晚上，许多人都会到海边的餐馆吃小吃、喝啤酒，那种生活真是舒服极了。

★ 他觉得那儿的生活怎么样？

A 很熟悉 B 不够精彩
C 特别舒服 D 有点儿无聊

69. 在中国，人们结婚时一般都会送给亲戚朋友一包糖，也就是喜糖，以此来告诉大家"我结婚了，希望你们能和我一样高兴"。

★ 根据这段话，中国人结婚时：

A 会送喜糖 B 过程复杂
C 普遍很浪漫 D 只请亲戚参加

70. 有些人为了方便，不管是银行卡、信用卡还是电子邮箱，密码都会弄成一样的，这样做的好处是容易记住，但同时也很不安全。

★ 说话人觉得使用同一个密码：

A 不安全 B 不方便记
C 节约时间 D 是个好办法

71. 也许每个刚毕业的人找工作时都被拒绝过，然而只要不放弃，多从失败中总结经验，最终都会找到合适的工作。

★ 找工作被拒绝后，要：

A 放松一下 B 降低标准
C 总结失败原因 D 找自己的优点

C 68. 问题中的关键信息是"他觉得",题干中"那种生活真是舒服极了"和"C特别舒服"的意思是一样的,所以答案是C。

A 69. 由题干中"在中国,人们结婚时一般都会送给亲戚朋友一包糖,也就是喜糖"可以推断出中国人结婚时"会送喜糖"。所以答案是A。

A 70. 问题中的关键信息是"使用同一个密码",在题干中可以定位到"密码都会弄成一样的",之后题干中说:"这样做……也很不安全",和"A不安全"的意思是一样的,所以答案是A。

C 71. 问题的关键信息是"找工作被拒绝",题干中"多从失败中总结经验"和"C总结失败原因"的意思是一样的,所以答案是C。

72. 中国一些省份的名字是与高山、河流等有关的。例如：河南、河北因为在黄河的南、北两边而得名；山东、山西因为在太行山的东、西两面而得名。

    ★ 河北省在：
    A 黄河北边　　　　　　　　B 黄河南边
    C 长江以南　　　　　　　　D 太行山西边

73. 父母的肯定和鼓励往往能够增加孩子的自信心，所以父母一定要相信孩子的能力，并多给他们锻炼的机会。不能因为孩子小，就认为他们不行。

    ★ 这段话主要想告诉我们，父母应该：
    A 尊重孩子　　　　　　　　B 相信孩子
    C 多陪孩子玩儿　　　　　　D 严格要求孩子

74. 明天我市多云转晴，适合外出。后天受冷空气影响，温度会降3-5℃，并且会有小到中雨，大家外出要记得带伞。

    ★ 后天天气怎么样？
    A 有风　　　　　　　　　　B 会降温
    C 会下雪　　　　　　　　　D 晴转多云

75. 有些人喜欢打扮自己的小猫小狗，比如给它们穿衣服、戴眼镜，甚至还给它们"理发"。可是，这些人可能从来都没想过，动物们是否喜欢被这样打扮。

    ★ 对打扮动物这种做法，作者最可能是什么看法？
    A 可以试试　　　　　　　　B 让人愉快
    C 不太同意　　　　　　　　D 觉得奇怪

A 72. 问题中的关键信息是"河北省",由题干中"河南、河北因为在黄河的南、北两边而得名",可以推断河北省是在黄河的北边,所以答案是A。

B 73. 题干中"父母的肯定和鼓励能……所以父母一定要相信孩子的能力……不能因为孩子小,就认为他们不行"都在说父母应该"相信孩子",A、C、D题干中未提及,所以答案是B。

B 74. 问题中的关键信息是"后天天气",题干中提到了相应信息,"后天受冷空气影响,温度会降3–5℃",即"会降温",答案是B。

C 75. 本题考查的是作者态度,题干中提到"这些人可能从来都没想过,动物们是否喜欢被这样打扮",结合语境理解和句子的语气,可见作者是反对打扮动物的,A、B选项首先排除,C、D两个选项中,"D觉得奇怪"文中没提,"C不太同意"更符合作者的看法,所以答案是C。

76. 儿子长得像我，鼻子高、眼睛大。但性格却像他爸爸，很爱笑、对人热情，也很有主意。

★ 根据这段话，儿子：

A 不爱阅读　　　　　　B 爱开玩笑
C 有点儿粗心　　　　　D 样子像妈妈

77. 这个月咱们的报纸只卖出了7万份，比上个月减少了20%。今天开会主要是谈这个问题。大家有什么好想法都提出来，咱们讨论一下。

★ "这个问题"指的是：

A 招聘新人　　　　　　B 无人提意见
C 报纸内容乱　　　　　D 报纸卖得少了

78. 很多人都害怕变老，好像只有年轻才是美丽的。其实，人在不同的年龄有不同的美。时间让我们的皮肤老去，而经历却让我们的生命更丰富。

★ 各个年龄段的人：

A 都很幸福　　　　　　B 都要准时
C 有不同的美　　　　　D 经历都很丰富

79. 这次去香港交流学习的机会很吸引人，加上我在内，我们班一共有18个同学申请，结果大概下周出来，不知道我能不能被选上。

★ 关于他，可以知道：

A 交了申请　　　　　　B 不符合条件
C 同情其他人　　　　　D 最后被选上了

D 76. 问题中的关键信息是"儿子的特点",题干中是"……但性格却像他爸爸",可见"我"是"儿子"的妈妈,题干中"儿子长得像我"与"D 样子像妈妈"意思是一致的,所以答案是D。

D 77. 首先从文中找出"这个问题",指代的是"这个月咱们的报纸只卖出了7万份,比上个月减少了20%",这句话的主要意思就是"D报纸卖得少了",所以本题答案是D。

C 78. 由问题中的关键信息是"各个年龄段的人",找到题干中意义相同的"人在不同的年龄……","有不同的美"和"C有不同的美"一样,所以本题答案是C。

注意:题干中说的是"而经历让我们的生命更丰富",而不是各个年龄段的人"经历都很丰富",因此D不正确。

A 79. 问题中的关键信息是"他",也就是题干中的"我",题干中的"我"一共提到两次,一次是"加上我在内……申请",一次是"不知道我能不能被选上";可知他交了申请,所以本题答案是A。由此也可以排除D选项。

80—81.

人们常说"计划赶不上变化",它的意思是即使计划安排得再详细再好,也可能被新出现的情况打乱。这个时候,我们必须及时改变原计划,以适应新的变化。否则,将很难得到一个理想的结果。

★ 如果不适应新情况,会使:
  A 压力减小　　　　　　B 心情变差
  C 收入增加　　　　　　D 结果不理想

★ 这段话主要想告诉我们,要:
  A 接受批评　　　　　　B 有责任心
  C 及时改变计划　　　　D 多与他人商量

82—83.

近年来,中国功夫慢慢流行起来了,连很多外国人也开始对其感兴趣。他们虽然国籍不同,肤色也不一样,但对于中国功夫的喜爱却是相同的。大家都说,学功夫不但可以锻炼身体,还能在学习的过程中了解中国文化。另外,坚持学功夫也能使自己的生活态度更加积极。

★ 根据这段话,中国功夫:
  A 很难学　　　　　　　B 越来越流行
  C 动作较简单　　　　　D 多是年轻人学

★ 根据这段话,学习中国功夫对什么有帮助?
  A 说普通话　　　　　　B 保护别人
  C 了解中国文化　　　　D 提高科学技术

D **80.** 在题干中找到80题的关键信息"以适应新的变化。否则……",将这句话与各选项进行对比,"将很难得到一个理想的结果"和"D 结果不理想"意思是一样的。

C **81.** 题干中的关键信息是"我们必须及时改变原计划,以适应新的变化",因为"计划赶不上变化",再根据关键信息"被新出现的情况打乱""很难得到一个理想的结果",可知这段话主要想告诉我们及时改变原计划是非常重要的,C选项符合题意。

B **82.** 问题中的关键信息是"中国功夫",题干中"中国功夫慢慢流行起来了"和82题的"B越来越流行"在意思上是一样的。

C **83.** 在题干中查找本题对应的关键信息"学功夫不但可以锻炼身体,还能在学习的过程中了解中国文化",和"C了解中国文化"是一样的。

84—85.

两件都是100元的衬衫，第一件直接打6折；第二件先打8折，然后再打8折。大部分顾客更愿意购买第二件，因为他们觉得打了两次折的肯定更便宜。而实际上，第二件衬衫只打了6.4折。这种错误的判断其实很常见，因为我们太相信自己的第一感觉了，总认为打折的次数越多就越便宜，却懒得去想是否真的如此。

★ 第二件衬衫：

  A 打6折   B 价格更低

  C 全部卖光了   D 买的人更多

★ 这段话告诉我们，打折次数多的东西：

  A 值得买   B 不受欢迎

  C 不一定便宜   D 质量有问题

D **84.** 根据问题中"第二件衬衫"找到对应信息:"先打8折,然后再打8折","A打6折"指的是"第一件",可排除;"大部分顾客更愿意购买",可知D可能正确;"而实际上……只打了6.4折"可以排除"B价格更低";而"C全部卖光了"题干未提到,所以选D。

C **85.** 根据题干中的关键信息"这种错误判断"和"总认为打折的次数越多就越便宜,却懒得去想是否真的如此",可知这段话认为"打折次数多的东西便宜"的想法其实不一定对,和"C不一定便宜"的意思是一样的。

三、书写

第一部分

86. 对身体　饭后散步　好处　有

饭后散步对身体有好处。

我们一般说"对……有好处"，可推断句子主干是"做……对身体有好处"。

87. 我　完成　按时　保证

我保证按时完成。

人称代词"我"可以作主语放在句首，"保证"是动词，应放在主语后，"按时"常修饰动词，"按时完成"也是常见搭配。

88. 计划　顺利　很　进行得

计划进行得很顺利。

名词"计划"是主语，放在句首，"进行得"后加形容词作程度补语，即"进行得顺利"，"很"是程度副词，修饰形容词，即"很顺利"。

89. 给你　表格　我把　传真过去　吧

我把表格给你传真过去吧。

我把表格传真过去给你吧。

由"我把"可知此句是"把"字句，"我把"也应该放在句首，"吧"是语气助词，一般放在句末，该句结构应当是"我把…（名词）…（动词）吧"，"表格"是名词，放在"把"后，"传真过去"和"给你"，都可以放在"动词"的位置，构成连动。

90. 关键作用　他在　起了　解决这件事上

他在解决这件事上起了关键作用。

"在……上起了……作用"是常见的搭配。

91. 全球气候　问题　他们重点　讨论了

他们重点讨论了全球气候问题。

"他们"是人称代词，可以作主语，放在句首，"讨论……问题"是常见搭配，"全球气候"可以是名词"问题"的定语，即"全球气候问题"。

92. 这个消息　人　兴奋　真让

这个消息真让人兴奋。

"这个消息"是主语，应放在最前面，"真让人……"是常用表达，"兴奋"是形容词，可以放在"真让人"之后。

93. 原来的地方　请将　放回　杂志

请将杂志放回原来的地方。

"将"在这里是"把"的意思，名词"杂志"是动词"放回"的对象，先确定句子的主干是"请将杂志放回"，"放回"的后面跟"原来的地方"。

94. 首都机场　会在　飞机　20分钟后　降落在

飞机会在20分钟后降落在首都机场。

名词"首都机场"和"飞机"都可能是主语，放在句首，由题中唯一的动词"降落"可以推断句子主语是"飞机"，即"飞机降落在首都机场"是句子主干，时间是"20分钟后"，"会"表示将要发生，"会在20分钟后"放在动词"降落"的前面。

95. 小伙子　　有礼貌的　　他　　是一个　　很

他是一个很有礼貌的小伙子。

首先确定句子主语代名词"小伙子"或代词"他","是一个"说明主语是其中之一,"他"是单数,应为主语,句子的主干是"他是一个……的小伙子","很"是副词,放在"有礼貌"的前面,"很有礼貌的"后面跟名词"小伙子"。

第二部分

第96—100题：看图，用词造句。

96. 现金

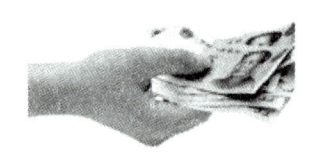

参考答案：我只有这些现金，你看够不够。

给出的词语"现金"是名词,看图片扩展出动词"有现金"。

97. 相反

参考答案：他们俩指的方向正好相反。

给出的词语"相反"是形容词,看图片扩展出搭配"方向相反"。

98. 棵

参考答案：那棵树真高啊。

给出的词语"棵"是量词，看图片可以想到的是"一棵树"。

99. 表扬

参考答案：老师表扬了他。

今天爸爸表扬我了，我很高兴。

给出的词语"表扬"是动词，看图片上是"表扬孩子"。

100. 排队

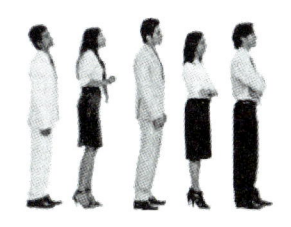

参考答案：今天排队的人很多。

今天排队的人怎么这么多？

给出的词语"排队"是动词，看图片上是"排队的人"。

汉语水平考试 HSK（四级）答题卡

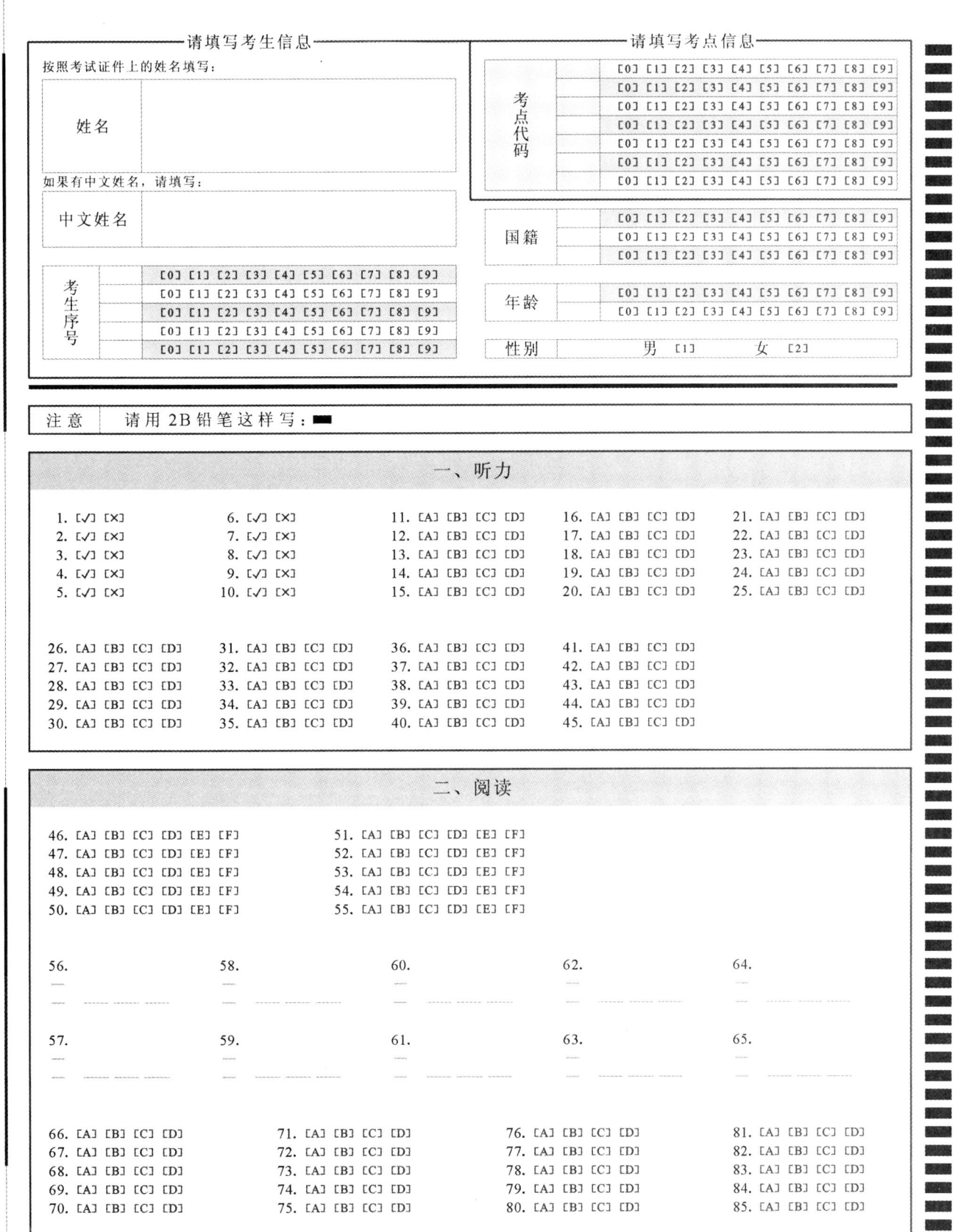

——请填写考生信息—— ——请填写考点信息——

按照考试证件上的姓名填写：

姓名

如果有中文姓名，请填写：

中文姓名

考点代码 [0][1][2][3][4][5][6][7][8][9]
[0][1][2][3][4][5][6][7][8][9]
[0][1][2][3][4][5][6][7][8][9]
[0][1][2][3][4][5][6][7][8][9]
[0][1][2][3][4][5][6][7][8][9]
[0][1][2][3][4][5][6][7][8][9]
[0][1][2][3][4][5][6][7][8][9]

国籍 [0][1][2][3][4][5][6][7][8][9]
[0][1][2][3][4][5][6][7][8][9]
[0][1][2][3][4][5][6][7][8][9]

考生序号 [0][1][2][3][4][5][6][7][8][9]
[0][1][2][3][4][5][6][7][8][9]
[0][1][2][3][4][5][6][7][8][9]
[0][1][2][3][4][5][6][7][8][9]
[0][1][2][3][4][5][6][7][8][9]

年龄 [0][1][2][3][4][5][6][7][8][9]
[0][1][2][3][4][5][6][7][8][9]

性别　　男 [1]　　女 [2]

注意　请用2B铅笔这样写：■

一、听力

1. [√][X]　　6. [√][X]　　11. [A][B][C][D]　　16. [A][B][C][D]　　21. [A][B][C][D]
2. [√][X]　　7. [√][X]　　12. [A][B][C][D]　　17. [A][B][C][D]　　22. [A][B][C][D]
3. [√][X]　　8. [√][X]　　13. [A][B][C][D]　　18. [A][B][C][D]　　23. [A][B][C][D]
4. [√][X]　　9. [√][X]　　14. [A][B][C][D]　　19. [A][B][C][D]　　24. [A][B][C][D]
5. [√][X]　　10. [√][X]　　15. [A][B][C][D]　　20. [A][B][C][D]　　25. [A][B][C][D]

26. [A][B][C][D]　　31. [A][B][C][D]　　36. [A][B][C][D]　　41. [A][B][C][D]
27. [A][B][C][D]　　32. [A][B][C][D]　　37. [A][B][C][D]　　42. [A][B][C][D]
28. [A][B][C][D]　　33. [A][B][C][D]　　38. [A][B][C][D]　　43. [A][B][C][D]
29. [A][B][C][D]　　34. [A][B][C][D]　　39. [A][B][C][D]　　44. [A][B][C][D]
30. [A][B][C][D]　　35. [A][B][C][D]　　40. [A][B][C][D]　　45. [A][B][C][D]

二、阅读

46. [A][B][C][D][E][F]　　51. [A][B][C][D][E][F]
47. [A][B][C][D][E][F]　　52. [A][B][C][D][E][F]
48. [A][B][C][D][E][F]　　53. [A][B][C][D][E][F]
49. [A][B][C][D][E][F]　　54. [A][B][C][D][E][F]
50. [A][B][C][D][E][F]　　55. [A][B][C][D][E][F]

56.　　　58.　　　60.　　　62.　　　64.

57.　　　59.　　　61.　　　63.　　　65.

66. [A][B][C][D]　　71. [A][B][C][D]　　76. [A][B][C][D]　　81. [A][B][C][D]
67. [A][B][C][D]　　72. [A][B][C][D]　　77. [A][B][C][D]　　82. [A][B][C][D]
68. [A][B][C][D]　　73. [A][B][C][D]　　78. [A][B][C][D]　　83. [A][B][C][D]
69. [A][B][C][D]　　74. [A][B][C][D]　　79. [A][B][C][D]　　84. [A][B][C][D]
70. [A][B][C][D]　　75. [A][B][C][D]　　80. [A][B][C][D]　　85. [A][B][C][D]

86-100题接背面

汉语水平考试 HSK（四级）答题卡

三、书写

86.

87.

88.

89.

90.

91.

92.

93.

94.

95.

96.

97.

98.

99.

100.

不要写到框线以外！